U0358226

我自愈了

Stressilient
How to Beat Stress and Build Resilience

[英]

山姆·阿卡巴
(Dr. Sam Akbar)

/著

陈晓颖

/译

中国出版集团
中译出版社

图书在版编目（CIP）数据

我自愈了/(英)山姆•阿卡巴著；陈晓颖译. --
北京：中译出版社, 2023.3
书名原文: Stressilient：How to Beat Stress and
Build Resilience
ISBN 978-7-5001-7265-9

Ⅰ.①我… Ⅱ.①山… ②陈… Ⅲ.①心理学 – 通俗读物 Ⅳ.①B84-49

中国版本图书馆CIP数据核字(2022)第230788号

STRESSILIENT: HOW TO BEAT STRESS AND BUILD RESILIENCE by SAM AKBAR
Copyright © 2023 BY SAM AKBAR
This edition arranged with GREENE & HEATON LIMITED
through BIG APPLE AGENCY, LABUAN, MALAYSIA.
Simplified Chinese edition copyright ©
2023 China Translation & Publishing House (CTPH)
All rights reserved.

著作权合同登记号：图字 01-2022-6225

我自愈了
WOZIYULE

出版发行	中译出版社
地　　址	北京市西城区新街口外大街28号普天德胜大厦主楼4层
电　　话	（010）68005858，68358224（编辑部）
传　　真	（010）68357870
邮　　编	100088
电子邮箱	book@ctph.com.cn
网　　址	http://www.ctph.com.cn
策划编辑	张若琳
责任编辑	张若琳
封面设计	黄　浩
排　　版	潘　峰
印　　刷	北京盛通印刷股份有限公司
经　　销	新华书店
规　　格	880mm×1230mm　1/32
印　　张	7.75
字　　数	110千字
版　　次	2023年3月第1版
印　　次	2023年3月第1次

ISBN 978-7-5001-7265-9　定价：59.00元
版权所有　侵权必究
中 译 出 版 社

序一

维护全球人类心理健康的有效自助方法

自从新冠肺炎疫情暴发以来，全球已经有6亿3千多万人感染，660多万人死亡，可以说每个人、各行各业都受到疫情的影响：有的被隔离治疗，有的被封控在家，或者不得不线上学习、远程工作，还有无数人面临着房贷断供、店铺关门、企业破产、失工失业等巨大生活压力。而且，近年来，全球极端天气频发，年平均气温上升越来越明显，洪水、干旱、山火肆虐，严重影响粮食安全。仅2021年一年，全球受饥饿影响的人数已达8.28亿。而我国2021年受各种自然灾害影响的人群达到1.07亿人次。除了新冠肺炎疫情、自然灾害之外，全球政治格局也在发生巨大变革：世界经济复苏乏力，局部冲突和动荡频发，全球性问题加剧，世界已经进入新的动荡变革期。可以说我们处在一个变化的、模糊的、复杂的、不确定的"乌卡（VUCA[1]）"时代语境中，人类的精神卫生与心理健康问题也越来越严峻。2022年6月，世界卫生组织发布的《世界精神卫生报告》表明，"仅2021年一年内，全球焦虑症、抑郁症的患病率增加了25%，精神疾病患者增加近10亿人，精神卫生问题已经成为紧迫的公共卫生危机"，因此，世界卫生组织总干事谭德赛博士倡议实现精神卫生服务的转变，从关注精神障碍患者转向人人享有心理健康服务。

如何才能实现人人享有心理健康服务？首先每个人都要成为自己心理健康的第一责任人，这就要求我们每个人都要学会维护心理健康的自助方法。现在市面上已经充斥着很多心理健康的自助书，可谓是琳琅满目。以往大多数心理健康自助书都是基于传统精神分析、人本主义或经典认知行为治疗（CBT）的理论方法。近年来，越来越多的心理健康自助书是基于认知行为治疗第三浪潮的方法，特别是基于正念的自助书籍。2020年，

---

1. 英文单词volatile、uncertain、complex、ambiguous的缩写，意为易变不稳定、不确定、复杂、模糊。

世界卫生组织在其官方网站推出了绘本电子书《压力之下，择要事为之》。这本书的理论基础就是认知行为治疗第三浪潮的代表疗法——接纳承诺疗法（ACT），目前这本书已经被翻译成 27 种语言，在全球范围推广。可以说 ACT 已经得到世界卫生组织的认可，成为疫情常态化语境下，维护全球人类心理健康的有效自助方法。ACT 与传统认知行为治疗不同之处在于，它并不是要改变歪曲的认知、消极的想法、不合理的信念，也不是消除焦虑、抑郁、恐惧等负性情绪，而是主张通过"接触当下，接受悦纳，认知解离，观察自我，澄清价值，承诺行动"提升人们的心理灵活性，帮助人们过上丰富、充实而有意义的人生。心理灵活性的内涵就是接纳所有的内在体验，无论是积极的还是消极的，并在觉察内部心境和外部环境的基础上，选择自己的价值方向，进而采取承诺行动，实现价值。ACT 是跨诊断的心理干预策略，已经广泛应用于抑郁症、焦虑症、强迫症、慢性疼痛、创伤后应激障碍等精神障碍的临床干预，而且普适于各类心理问题的心理咨询及心理健康促进领域。现在 ACT 还广泛应用于学校心理健康教育、压力管理、沟通管理、组织灵活性培训、企业绩效管理等非临床领域。

我自2005年开始学习ACT，并在临床上使用ACT帮助过各类患者，也一直在研究如何将ACT本土化。曾经有出版社的朋友向我约稿，希望我能写一本通俗的ACT自助书籍，向国内读者介绍如何利用ACT维护心理健康。当我读到这本《我自愈了》之后，觉得没必要再写了，因为此书作者已经用非常通俗易懂的语言，向人们系统介绍了ACT。本书作者是临床经验非常丰富的心理学家，也是ACT咨询师。他在本书中向读者生动有趣地介绍了人脑在漫长进化过程中形成的旧大脑、新大脑的工作机制，以及在现代生活里导致各种心理问题的根本原因。他还系统介绍了50多种有效的心理自助技术、小窍门、隐喻故事，使读者能够在读完之后填满自己的心理百宝囊，使读者学会如何与头脑中烦恼的想法、情绪相处，如何切断愤怒情绪的引信，如何改变与头脑的关系，如何培养自我觉察，如何战胜压力和建立心理韧性，如何按照自己的价值生活，如何自我关怀并使自己心花怒放……

现在新冠肺炎疫情进入了新阶段，病毒的危害性已经减弱很多，很多国家已经完全放开，我国的抗疫政策也发生了重大变化，公共娱乐、消费场所逐步放开，但是，经济压力仍会持续存在，疫情带来的挑战还将影响着每个人。这本书可以教会我们如何在疫情或生活压力下保持足够的心理灵活性，如何提升自己的抗压韧性，帮助我们过上想要的丰富、充实而有意义的生活，此书的出版可谓是恰逢其时，特此推荐。

祝卓宏
中国科学院心理研究所教授
2022 年 12 月 8 日于中关村人才苑

序二

有趣实用的自我疗愈指南，亲测有效！

读到本书的第一句话我就爱了："抱歉，我无法帮你消除生活的压力"，好实在的作者！做踏实的事情，帮助能帮到的人，用有趣的语言写专业的内容。我喜欢这样的风格，也喜欢这样有趣的灵魂。虽然很忙，但一口答应为本书作序。

我做了 21 年的心理咨询，长期在一线摸爬滚打，能分辨得出哪些书出自理论家，哪些书出自实践者。本书值得仔细品读，因为它有趣、有用、有爱。

一、有趣

自我疗愈的书，一定要有趣才读得下去。心情不好时，很难读得下复杂的书。作者用了很多生活化的比喻来解释心理学术语，非常有趣。比如把令人讨厌的负面想法比作讨厌的客人；把情绪爆发比作炸弹，告诉我们要做的就是切断引信；把内心的博弈比作黑白棋子……这一系列的形象化比喻，就能让读者迅速明白其中的道理。

从本书中，我读到了很多契合点。我带领亲子做行为契约教养法时就强调，一定不要做"正确而无趣"的事情，要去做"正确而有趣"的事情。调动家长和孩子用游戏化的方法解决在学习、沟通中出现的问题。于是家长和孩子们创意百出：吃完饭，女儿该去写作业了还不去，我对她说："我的耐心就像我碗里的饭，很快就要没有了。"女儿过来看了一眼我的饭碗，直接转身回房间写作业了。这比平时大呼小叫讲道理发脾气好用太多了。有一家儿子给妈妈提的要求是，如果妈妈没有完成跑步任务，就要写检查贴到门上。一看就是"以其人之道还治其人之身"。

有些家长给自己制定了"每天不发火"的目标。我告诉他们千万别这么定，会憋出内伤的，建议改为"每天发火不超过三次"。于是，经常有这样的情景：妈妈刚要发火，孩子说："妈妈，今年你发火的额度已经用完了。"妈妈会忍不住笑起来，紧张的气氛就被笑声代替了。

不论是自己被困住，还是亲子之间的焦灼，能哈哈一笑的时候，事情就好转90%了。这本书就是能让你边读边哈哈大笑的。

二、有用

懂得很多道理却过不好这一生，是缺少实践。大道易得，小术难求，而心理自助书籍需要的恰恰是"小术"，使读者看到了愿意去试试，试过之后有效果。这本书介绍了很多有效的方法——切断想法、拓展空间、一以贯之的自我、抛锚泊船、找到价值、自我关怀等等，有很多也是我自己用过的，所以敢说"亲测有效"。

第六章中，作者提到"减肥人士，如果有了价值取向，就可以督促我们不断前进，不断用更高的标准要求自己"，我本人就经历了这个过程。我成功减肥

28斤，衣服从XXL码变到M码。但你知道吗？减肥最难的不是减下去，而是保持。太多人减下去又反弹，再减再反弹。我能几年保持下来，就是因为从中找到了价值感。

身体变化带给人的冲击非常强烈。我减肥最快的时候3个月减了20斤，真的是肉眼可见地变瘦了。有一天照镜子，我惊喜地发现，怎么眼睛变大了？随即我意识到，不是眼睛变大，是脸变瘦了。这使我对生活的掌控感逐渐增强，自信心也随之提高。

我想帮助更多的人，于是便想到把饮食、运动、睡眠、心态改变结合在一起，创立了"心理减脂营"，一批一批地带着大家减肥，成果最显著的一个学员已经减了50斤。而我也在这个过程中，看着他们变美、变健康、变开心，我怎么好意思不坚持呢？

第七章中，作者提到"持之以恒的小动作远比一次性的大动作来的有效"，我深表赞同。行为契约教养法提出设定目标的三个原则是："目标少而精、目标可量化、前进一小步"。减肥时，我就定了个"前进一小步"的目标，非常容易实现——穿上运动鞋，走出门。是不是每个人都能做到？很多时候，我们之所以不能完成目标，是因为贪心，想一口吃个胖子，做不到，就产生挫败感，然后放弃。从小目标开始，启动起来，才会带来大的改变。

三、有爱

爱自己，才能爱别人。飞机上的《安全指南》中明确写到，先要给自己戴好氧气面罩，再去帮助孩子和他人。所以，我们也强调妈妈、老师这些群体的自我关怀。

在写这篇序的时候，我正在带行为契约的讲师和助教们共读《自我关怀的力量》。本书第八章介绍的正是这部分内容。读到此处我会心一笑，内心里与作者击了个掌。作者说，"多年的治疗经验让我知道，这两点（自我关爱和正确看待自己）对于提升幸福感也有着不可或缺的作用"，确实如此，我在很多课上讲过自我关怀，也推荐了很多人去练习自我关怀。

所有的问题都是爱的呼唤，能够自我关怀，能够自己给自己爱，就有了自我疗愈的根本。

读这本书的过程特别轻松、愉快，我也祝福亲爱的读者们都能够生活得轻松、愉快！

刘朝莹
行为契约教养法创始人、心理咨询师
北京师范大学心理学博士
《做守信的家长，培养自律的孩子》作者
2023 年 1 月 16 日 于北京

导言 —————————————— XV

阅读指南 ————————————— XXIII

第一章
有效管理大脑：大脑知识入门 ————— 01

第二章
改变内心想法 ————————— 13

第三章
调节情绪感受 ————————— 41

第四章
提高自我认识 ————————— 67

第五章
做到全情投入 ————————— 85

第六章
活得更加幸福 ——————— 105

第七章
采取实际行动 ——————— 137

第八章
实现自我关爱 ——————— 161

第九章
正确看待自己 ——————— 195

第十章
做到融会贯通 ——————— 209

致谢 ——————— 215

导 言

抱歉，我无法帮你消除生活的压力。

咱们还是把丑话说在前头，免得你读到最后感觉我是在浪费你的时间。说实话，对于消除压力这件事而言，不仅我做不到，这世上任何人都做不到，除非你同意把自己冷冻起来，那样的话，只要你能适应低温的环境，余生或许真的不必再面对任何压力了。

不过话说回来，这本书虽然不能帮你消除压力，却能为你提供许多（比消除压力还有用的）战胜压力的方法：让你拥有强大的"心理灵活性"。所谓心理灵活性，是指一种能够有效应对生活中无法避免的压力及压力引发的情绪和想法的能力。如果想培养出这种应变能力，就意味着要采取积极的行动，创造充实而美好的人生——简言之就是要具备抗压能力。

接纳承诺疗法（ACT）是一种极具开拓性的创新心理疗法，而所谓心理灵活性正是这一疗法的核心理念。过去40年的研究充分证明，该疗法不仅在治疗抑郁、焦虑及其他严重心理问题上效果显著，甚至还能帮助我们改善人际关系、减轻体重、戒掉烟瘾、提升表现、控制压力。也就是说，接纳承诺疗法的应用范围十分广泛，既能拉近你与爱人之间的关系，也能教你理性面对可怕的老板；既能改善你的健康状况，也能帮你缓解内心的长期压力。

过去两年，新冠肺炎疫情肆虐全球，不知道你是什么情况，反正我是倍感压力。对于有些人来说，这样的经历甚至可能造成心理创伤，脑子里频频冒出各种负面想法和感受，想要有效应对谈何容易？为了找到答案，有些人恨不得搜遍网上所有信息——花费的时间和精力

| 导 言 |

丝毫不亚于安排一次异国他乡的度假行程：是去欧洲还是更远的地方？是选择爱彼迎的民宿还是传统的酒店？是搭乘飞机还是轮船？当然，需要决定的事情还远不止这些，整个行程安排下来烦琐至极、事无巨细。于是，你想索性算了，不如像上次去同一个地方，这样就不用继续刷各种酒店的评价纠结到不知该作何选择，也不至于心烦气躁到把电脑一气之下扔出窗外。

虽然我是研究心理的专业人士，但就算是我，在网上查阅各种关于压力管理的信息时也会有承受不住的时候，查到的信息越多就越是感到无所适从。我写本书的目的就是想帮你避开我曾经走过的弯路，希望你能从我的书中找到克服心理压力的有效办法。经过在网上进行各种查寻（好吧，我还是说实话吧，我的想法并非来自网络，而是来自我多年的临床训练和诊疗经验），我总结出一套有效且可行的办法，希望能够达成我撰写本书的初衷：

第一，做到以事实为依据。我会清清楚楚地告诉你究竟怎样做才是科学验证过的有用办法，避免你在一些无谓的信息上浪费时间。

第二，做到短小精悍。我希望你能随时拿出本书来翻看（我甚至会想象你在地铁上苦读！我向你保证，到时候我一定不会上前打扰你，也不会偷偷观察你是否足够认真，还是已经无聊到昏昏欲睡），直至最终对其中的内容心领神会，甚至能做到举一反三。只有这样，本书才能真正发挥作用，才能彻底改变你的生活。倘若我写了一部像《战争与和平》那样的大部头，你能读完一遍我就要烧高香了，恐怕随后就会把它放到门口，需要开门通风时，用这个大家伙堵门倒是个不错的主意。

那我又是何许人也呢？为什么你要听从我的建议呢？在此我不妨说说自己。我是一位临床心理医师，治疗过大量患有创伤后应激障碍（PTSD）的难民。我的患者经历过各种各样的不幸，包括严刑拷打、战争洗礼、性暴力等。我真心为自己的工作感到骄傲，庆幸自己能够帮助这些受害者。我之所以说这些是想告诉你：我对压力和应变能力颇有一定的认识和经验，也算走遍了世界各地，遇到过大量的难民患者和临床同人。我也在伦敦本地参与培训过相关的心理医师，告诉他们该如何开导并治疗格兰菲公寓大楼火灾的幸存者及家人。

导 言

当然，我不仅是一位心理学家，也是一个普通人，有自己的喜怒哀乐，常常把事情搞砸，并且完全不长记性。我也跟大家一样，会自寻烦恼，把自己搞得压力倍增。因此，我才向你大声疾呼，免得你也跟我一样跌入自己挖的大坑；如果你已经掉进坑里，本书也会递给你一根最牢靠的救命绳索。老实讲，我本人也常常落入坑里，书中介绍的所有手段和方法都是我为自救所采取的切实可行的办法，正是它们的存在才让我的人生得以改变。我将这些手段和方法推荐给身边的朋友，遗憾自己年轻时不懂得这些道理，否则我的人生可以避免很多无谓的痛苦。

我开始撰写这本书时，新冠肺炎疫情还没有暴发，也从未听过封控、隔离这些词汇；而时至今日，很多与疫情相关的概念都已成了人们的家常便饭，每个人都能脱口而出，仿佛疫情由来已久，早已成为我们生活的一部分。就拿我自己来说吧，我从没想过有一天自己竟然会与洗手液保持如此密切的关系。

疫情让每个人都感到不知所措，我们内心充满了恐惧。我们从未经历过这种席卷全球的变故，哪能想到有一天自己的生活会遭遇如此限制？不过，我过去毕竟为很多难民做过治疗，所以知道这个世界其实一直都不太平，很多人从小到大都处在流离失所的痛苦状态；对于他们来说，我们这些面对这次疫情才感受到生活不便的大多数人已经很幸运了。人类最核心的两种情感体验就是欢乐和痛苦，二者相辅相成，没经历过痛苦也就感受不到欢乐，所以我们不要排斥难过的情绪，要像接纳幸福的感受一样接纳它们。

我希望大家能够培养自己的抗压力，这并非要你回避内心的痛苦，因为痛苦根本无法回避——而是希望你在面对压力时能够正视并接纳内心的每一种情绪。我们要做的不是回避，而是正视，不管是什么情绪，不管你喜不喜欢，正视才是我们应有的态度，回避解决不了任何问题。想象一下，如果有一天，你再也不用被痛苦的情绪追着跑，内心将是怎样一种平静和安宁？如果有一天，你再也不用与痛苦的情绪较劲，而是可以把精力都放在真正在乎的事情上，内心将是怎样一种解脱和自由？如果有一天，你能够积极主动地打造人生的意义，那未来将会变得多么充实而美好？

正是基于这些想法，我动笔写了本书。我想，你之所以会拿起它，也是出于同样的目的——你也希望改变自己，活出不一样的态度。这次疫情的暴发虽然改变了我们的生活方式，但也迫使我们在反思过往的同时认真思考未来的方向。在书中，我会分享一些好的方法和手段，帮助你改变想法、调节情绪、获得幸福。读完本书，我相信你会挖掘出人生真正重要的东西，进而学会按照自己的本心行事。到那时，你的人生将不再是得过且过，而是会如夏花般灿烂。我的办法一定能帮到你，因为我已经用它们帮助无数人走出了阴霾。

人生海海，起起伏伏，任谁人都无法独善其身。但是，我们至少可以用各种技能来提升自己，争取改变现状，走向更美好的未来。

我们现在可以开始了吗？

阅读指南

阅读本书时,千万不要一开始就翻到最后,指望着可以预先了解故事的大结局。本书设计轻巧、内容扼要,我建议你先一气呵成地把它读完,日后若再有任何具体需求,可以回来有针对性地查阅相关的内容。

当然,我更希望你能一直把它带在身上,塞进手提包或是衣服口袋。每当感觉生活让人招架不住时,你都可以拿出来翻看两眼:家人聚会,你却一个人躲在洗手间;工作不顺心,你总是把自己关进储藏室发泄情绪;

在超市购物，排队结账时你会感觉百无聊赖……所有这些时刻，你都可以把这本书拿出来翻看两眼。我真心希望本书最后会被你翻得破旧不堪，更希望它能成为你最可靠也最睿智的朋友。

我们将在本书第一章（有效管理大脑：大脑知识入门）中讲解一些有关大脑的基本知识，包括大脑的功能等。要想让大脑为我所用，那么这些认识必不可少。接下来的六章（包括改变内心想法、调节情绪感受、提高自我认识、做到全情投入、活得更加幸福、采取实际行动），我们将把重点放在人类的思维、情绪和行动上——它们都是构成心理灵活性的核心要素，我希望你读完后能够成为心理灵活性超强的人。在这六个章节之后，我又补充了两部分内容（分别为如何实现自我关爱及如何正确看待自己），多年的治疗经验让我知道，这两点对于提升幸福感也有着不可或缺的作用。

当然，在这本书中我没办法面面俱到，有些内容对于克服压力也有很大的积极作用——其中最重要的包括睡眠、饮食、运动等，但这些都是外在因素，本书探讨的重点主要集中在内心世界，我希望能够帮助你更好地调节情绪感受，从而把有限的精力用在真正重要的事情上。如果你能掌握一些方法帮助自己摆脱某些想法或感受对你造成的心理绑架，那便可以把更多时间和精力用在真正重要的事情上了。

好了，闲话少说，让我们言归正传。

第一章

有效管理大脑：
大脑知识入门

"我一度以为大脑是人体最重要的器官，但后来才意识到让我们得出如此结论的不是别的，正是大脑本尊。"

——喜剧演员埃莫·菲利普（Emo Philip）

每次面对一个新的病人，我都和他（她）一起做些准备，其中最有用的一件事就是向其解释大脑的工作方式。如果想让大脑为你提供最好的服务，那你就必须对它有所了解，包括它的基本构造及功能原理。人类的大脑是世界上最强大的机器，可我们却并不懂得如何对其加以管控。我真希望每个人一出生就能拿到一份大脑使用手册。既然如此，你不妨继续读下去，我保证你会对大脑增加一些最基本的认识。

◇◇◇◇ 我自愈了

追根溯源

首先,我们一起来回顾一下人类发展的历史。想象一下,你不是现代人,而是生活在洞穴中的远古人。此时此刻,你正坐在洞口欣赏美丽的夕阳,脸上洋溢着恬淡的微笑。

可是哪承想,正在这时,旁边树丛里蹿出来一头大熊,当即把你撕成了碎片。谁让你闲来无事坐在洞外放风呢?如果你真的生活在远古时代,这么做的确不会有什么好下场,就算吃掉你的不是一头大熊,也会是伺机捕食人类的其他猛兽,比如狮子。

我们的祖先之所以能活下来,之所以能将自己的基因一代一代地繁衍下去,就是因为他们一直保持高度警觉的状态。无论走到哪儿,他们都不会对危险麻痹大意。也就是说,远古时代的人类,神经时刻都处于紧张状态。想想也有道理,那时候人类的生存环境那么恶劣,如果想活下来,恐怕必须做到昼警夕惕。人身安全是一切的重中之重,千万不要做任何让自己后悔的事情。

当然,你也会有搞错的时候:你以为在山洞里看到的是一条蛇,结果却发现不过是一条手提包的带子(他们那会儿应该也有手提包吧?),但毕竟小心驶得万年船,谨慎一点儿总没什么不好。久而久之,人类的大脑演变成了一台为了"不被害死"而高度警觉的机器,其首要任务就是保护主人的人身安全,也因此成了人类祖先得以存活并繁衍至今的根本。所以,我们真应该好好感谢人类的祖先,谢谢他们培养出高度警觉的大脑。

但后来情况发生了改变,人类开始群居生活,日子也过得越来越好、越来越安全,生存繁衍似乎不再是什么难题。

在这种情况下,我们的祖先又开始关心另外一件大事,那就是不要遭到群体的排挤。如果没有他人的帮助,想要在那种条件下存活下来简直是天方夜谭——独自一人、孤苦无依,甚至无法满足最基本的食物需求,靠谁帮助我们屠杀野兽呢?其实,现如今也是同样的道理:居家隔离或卧床宿醉,总得找个人帮你去超市买些必需品吧。

恐惧模式

人类大脑总会开启恐惧模式,负责这一功能的主要是杏仁核,是大脑中一块体积只有一粒杏仁那么大的不太起眼的区域,一旦它感觉到明确的危险信号,就会促使你即刻采取行动进行应对。它会朝你大喊:"这不是演习!"提醒你危险正在逼近。杏仁核是大脑最先演化出来的部分,着重关注的就是人类的生存问题,毕竟那时候生存是人类的头等大事。杏仁核会让你的大脑和身体处于高度警觉的状态,开启"要么战,要么逃"的模式。毫不夸张地说,杏仁核对人类非常重要,没有它,我们就不可能存活下来并一直繁衍至今。但是,我们也必须清楚地认识到,它并非大脑中最为成熟稳重的一号人物,做很多事情时都会不求甚解,甚至常常半途而废。

"要么战,要么逃"的模式在历史上确实为人类的繁衍立下了汗马功劳。危险临近,我们的直观反应要么是撒腿就跑,要么是竭力反抗——同时还会表现出一系列的生理反应，包括肌肉绷紧、心跳加速、呼吸急促、胡思乱想……等一下，焦虑带给我们的不也是上述这些反应吗？没错，焦虑的症状的确如此。生活在当今社会，大脑应对危险或压力（包括新冠病毒、工作、家人、地位、财富、健康、排挤所引发的种种恐惧）的方式与远古时代遭遇猛兽袭击时的应对方式没有什么本质上的差别，也正是这个原因，我们每次面对公众演讲或过度解读人际关系时，也会感到紧张和担心，也会开启"要么战，要么逃"的应对模式。

大脑中的红颜知己

你或许在想，要是大脑中有一个好朋友，可以随时帮你安抚杏仁核并有效管理心理压力就好了……事实上，大脑中的确有这样一位红颜知己！她就是大脑的前额皮质。我喜欢把自己的红颜知己想象成米歇尔·奥巴马（Michelle Obama），但你不一定非要跟我一样，你的红颜知己可以是露丝·贝德·金斯伯格（Ruth Bader Ginsburg）、玛雅·安吉（Maya Angelou）或任何符合你内心想象的人。前额皮质位于前额的后部,你可以轻轻拍一下这个位置,以示你对它的感激之情。

前额皮质是我们区别于其他动物的根本,属于大脑"新开发"出来的区域,是我们开始复杂的群居生活后的产物。与杏仁核不同,前额皮质是大脑中最为成熟稳重的部分,可以帮助我们解决问题、提前做出计划、遏制内心的冲动等。正是因为前额皮质的存在,人类科学家才能发明出新冠疫苗。

前额皮质不仅可以掌握当下信息,还可以追溯以往信息,因此能够帮助我们在面对压力时做出更为有效的理想选择。但问题是它的反应速度不如杏仁核,很多时候还没等前额皮质发挥作用,杏仁核已经开启了"要么战,要么逃"的应对模式。即便如此,你也大可不必过度恐慌,后续我将告诉你如何有效控制杏仁核,以保证前额皮质发挥更大的作用。

没错,前额皮质的确很了不起,但是——当然会有但是——它也并非十全十美。前额皮质的确可以预见未来,但它也会带我们回到过去,也就是说,正是前额皮质的作用,我们才会为过去发生的事情耿耿于怀,才会为将来还没发生的事情杞人忧天，才会不断与他人攀比，进而给自身造成更多的痛苦。

现代生活

步入现代社会，我们遇到了更加棘手的问题：一方面，旧大脑依然处在恐惧模式；另一方面，新大脑在对未来患得患失的同时还会对过往耿耿于怀。也就是说，我们虽然不必再担心青面獠牙的猛兽或蛇蝎，但却遇到了更加强劲的对手，那就是现代社会。

现代社会给我们的大脑造成的诸多威胁，丝毫不亚于远古社会的各种危机，而我们应对威胁的方式并不总是行之有效。生活在洞穴里的远古人会警惕危及生命的危险，现代人的大脑也会询问我们类似的问题："要是我失败了怎么办？这件事值得我冒险尝试吗？"对于远古人来说，除非事关生死，否则他们不会耗费过多的精力，而现代人的大脑则不然，它总是瞻前顾后，只要对结果没有十足把握就会选择避而远之。

远古人可能会想，"朋友，我可不去那儿采摘了，上次就是在那儿差点害我丧了命"。而现代人的大脑也是顾虑重重，它会不断提醒你，"你以为自己有什么了不起？要知道，走错一步，满盘皆输"。在这一过程中，社交媒体也没发挥什么好的作用，攀比心态（毕竟我们生来就不想遭受排挤）会导致大脑即刻进入应对危险的超载模式。

这样分析下来我们就可以知道，大脑并非有意搞砸我们的人生，它只是想帮助我们减少痛苦，也正是多年的进化让它具备了这样的功能。只可惜，它好心办了坏事。既然我们知道它是出于好心，知道它无论遇到什么风险直觉反应都是躲避，那就可以学着对其提供的方法进行有效甄别，而不至于因它的反应而裹足不前。总而言之，你完全可以管理自己的杏仁核，在应对压力时让前额皮质发挥更大的功能。

我们将在接下来的章节学习应对现代社会的抗压方法——如何有效管理自己的想法和感受而不被其绑架，如何在压力社会更好地享受生活、拥有充实的人生。

第一章 | 有效管理大脑：大脑知识入门

重点回顾

人类大脑的功能之一就是及时发现危险，保护我们免受伤害。在远古社会，当人类时刻面临被老虎、狮子、野熊追赶的风险时，这一功能的确关乎生死，因而不可替代。但面对现代社会的种种压力时，我们的大脑却未必总能找到最佳答案。

旧大脑（将保护生命/避免排挤视为首要功能）+ 新大脑（所担心的问题变成了"万一我像上次一样被拒绝/惨遭不幸该怎么办？"）+ 现代生活（引发的新困惑，包括我会失败、我一无是处、我根本做不到等顾虑）= 复杂头脑（需要我们采用科学方法有效管理）。我真希望能把这一公式印在汽车保险杠上，这样就能帮助更多人意识到问题的本质。

第二章

改变内心想法

"不要受到自身想法的禁锢。"
——剧作家威廉·莎士比亚(William Shakespeare),《安东尼与克莉奥佩特拉》(*Antony and Cleopatra*)第五幕第二场

人类的压力和痛苦都源自大脑及大脑冒出的想法、记忆和画面。想要改变生活,却不对自身的想法加以管理,这就如同隔靴搔痒,解决不了根本问题。为什么这么说呢?因为如果你不改变自己的思维方式,大脑还是会把你带回到老路上,而你的人生也不可能发生任何改变。为了应对消极的想法、记忆和画面,或许你也做过很多努力和尝试,但似乎并不怎么管用,本章我们就来解释一下其中的原因,同时也会告诉大家什么才是正确的应对办法。

通过上一章的讲解，你已经知道人类大脑的特点，它对危险总是十分警觉，即使到了现代社会，但凡出现什么危及自身幸福的事情，它也会第一时间向你发出警报。除了警觉，大脑的另一个特点是它很擅长解决问题（哪怕出现的问题比变态级别的数独游戏还要难，它也能想出答案）——事实上，大脑就是一台解决问题的机器，而保护人类免遭伤害就是这台机器的首要目的。老实讲，大脑在应对外在客观世界的问题时，解决能力着实不错，而一旦涉及内心世界，大脑似乎就变会得束手无策。

求助大脑解决困惑

回想你最近遭遇的一个问题——比如开会迟到、屋顶需要修缮或是发现鞋子破了，任何问题都可以。问题出现时，你的大脑是不是及时出手帮你想出了解决办法？让你打电话告诉大家你会晚到一会儿、致电专业人士解决屋顶的麻烦、把鞋子送去鞋匠那里修补，对吗？

第二章 | 改变内心想法

针对这些问题，我们的大脑应对得都很自如，给出的办法也堪称一级棒。

可大脑并非无所不能：人类看到大脑似乎很善于解决问题，于是便把内心的复杂困惑也一并交由它去处理，包括所有想法、记忆、画面、感受、冲动以及身体反应等。

"我就是个废物，我就是个笨蛋，我根本就做不好。"你最近有过类似的想法吗？我想大概率是有过的。为什么这么说呢？因为几乎每个人都会产生类似的想法。此刻你正在阅读本书，对吧？请你用余光悄悄看一眼旁边的人——不管你身在何处，公司、家里还是地铁上，抑或是身处第86次封控中，正可怜巴巴地看着窗外——我向你保证，你身边的人也会时不时冒出这样的想法。技术部的凯丽或许表面上过得顺风顺水，穿着搭配总是十分讲究，永远表现出一副积极乐观的模样，但她内心也会时不时自责一番，也会冒出跟你一样的想法。

面对大脑冒出的这些评价、比较、判断和推理，你究竟该何去何从？或许你尝试过做出修正或改变，告诉自己要摆脱这样的想法，甚至会因冒出这样的想法而自责。每当这个时候，你的大脑也被迫精神分裂，陷入各种矛盾和纠结之中无法自拔。长此以往，最终的结果很可能是你在大街上来回溜达，一边走还一边比比画画、自言自语。反正我确实听过有人沦落到了这步田地。

对想法赶尽杀绝

我们想要改变、回避、消除、摆脱负面想法的努力不仅常常事与愿违，还总是不长记性，继续一意孤行，具体原因如下：一是大脑的初始设计就是如此（具体可参见前一章）；二是社会不断向我们灌输要想活得幸福就不该有任何消极情绪的错误理论；三是从未有人教过我们其他可行的解决办法。对于前两个原因，我也无能为力，但对于第三个原因，我们接下来可以一起想办法解决。我把大家改变、回避、消除、摆脱负面想法的各种努力统称为对情绪的"赶尽杀绝"，既然这是一本教人学会自助的心理学书籍，不发明个新词似乎显得我不够专业。

我们接下来就一起来看看，为什么与负面想法对抗不是可取的做法。现在请你跟我做一个实验，实验内容就是不要去想一只长着白色绒毛的大熊，不要去想它正在寒冷的北极慵懒地前行。对，千万不要想这幅画面，你可以想点儿别的事，除了想大白熊什么都行。

怎么样？你做到了吗？做不到，是吧？你满脑子只有大白熊，对吧？

哈佛大学的心理学教授丹尼尔·韦格纳（Daniel Wegner）对这一问题做过非常深入的研究，其最初的灵感来自陀思妥耶夫斯基（Dostoevsky）描述自己欧洲旅行时的一段话：

> 交给大脑一个任务：让它不要去想北极熊这种动物，结果你却反倒发现，这该死的家伙占据了你的整个脑子。

韦格纳决定在实验室对这一现象进行深入研究，最终发现：越是让人在大脑中压抑熊的形象，该形象就越会频繁出现，带给人的感受也越强烈。为什么呢？因为让人在大脑中压抑某种形象时，我们需要先调出该形象，如此才能确认之前并没有产生相关的想法。

我想你已经从这个实验中参悟出一个道理：我们越是想要压抑内心的负面想法，它们的反弹力量就会越强大。你越是想摆脱"我是个废物""我是个丑八怪""我是个死胖子""我一文不值""我一败涂地"这些想法，它们就越是会反复出现，当面打你的脸。你越是想压抑这些想法，就越是会反复确认自己是不是真的做到了，结果只会事与愿违。

认知融合

所谓认知融合（Cognitive fusion），是指被自身想法纠缠却无法摆脱的状态——你仿佛成了一只被粘纸黏住的老鼠，再怎么努力挣扎都无济于事。认知融合会带来怎样的问题呢？其结果就是你无法付诸行动，就像前面提到的老鼠，你会被黏在原地，什么也做不了。你的想法成了你人生的主宰，做什么、不做什么似乎都得听命于它。一旦与内心的想法融合到一起，你就再也没办法做到活在当下，因为你会把太多心思用在将那些想法

"赶尽杀绝"上,所以无法按照自己的价值取向行事,也无法采取有效行动做出真正的改变。

不必纠结是非对错

没错,我们在应对外部世界时,特别在意自己的做法是否正确,这很好:看到红灯,就想"我不能加速闯过去"这当然是对的,及时做纳税申报也是正确的做法,我想你已经明白我大概的意思。

可是,说到内心的想法,我们必须记住,它们正确与否根本不重要。我给你一分钟的时间好好想想我说的话,我知道大部分人的第一反应都会很抵触,总想大声争辩说:"可是我的想法没错啊!"

如果我们的想法是自己做出的评价、判断、意见、推理或批评,我们就不要纠结于所谓是非对错。比如,你觉得自己害怕公开讲话,这一想法或许是对的,可然后呢?最理想的情况是你觉得演讲很重要,所以想好了具体该怎样提升自己的演讲水平;可惜的是,常见的结果绝非你想象的理想状况:

"我不擅长演讲,每次都特别紧张。明天我得给老板做汇报,肯定会搞砸。不用想也能知道,我肯定面红耳赤、结结巴巴,估计同事们都会笑话我,特别是技术部的凯丽。我真是一无是处,干啥啥不行。以后再想升职简直是痴心妄想,这样的日子要如何继续?下一轮裁员肯定会轮到我的头上,逃是逃不掉了。到时候我的房贷该怎么办?在我找到新工作前,我的存款能够养活我几个月?我是不是该上网查查能不能申请抵押贷款的暂缓支付?虽然还得准备明天的汇报,但我还是先用谷歌看一眼贷款的事吧。我是不是得考虑搬去与父母同住,要是大家知道我这个年纪了还跟父母住在一起会怎么看我?肯定会觉得我是个废物!他们判断得没错!唉,我太难受了,不如明天请病假算了。"

什么情况?你不是在想做汇报的事吗?怎么想到了搬去跟父母同住呢?甚至还想到了那么多细节,预见到自己住在父母家闲置的客房,床边还放着一辆废弃的自行车?原因就在于我们与自我批评和判断融合在了一起。或许你确实一在公共场合讲话就紧张,或许你也能对此加以改进,但只要出现融合的状态,大脑就会冒出自动运行不受控制的想法，将你推入绝望深渊的同时还会限制你的行动力，导致你最终根本无法真正提升自己的演讲水平。短期来讲，逃避或许可行，你可以请病假躲掉明天的汇报，但明眼人都能看出来；长期来讲，一旦你习惯了逃避，生活的空间就会越来越狭小、越来越闭塞。我知道这当然不是你想要的结果，否则就不会拿起这本书了。

独辟蹊径

听我跟你说，我的确有办法：你根本不用管脑子里冒出的那些讨厌想法，也不要试图将其"赶尽杀绝"（控制、回避、消除、摆脱）。你肯定觉得我这是在大放厥词，但这个办法真的管用，不仅我个人这么认为，我还把它告诉给了我那位比比画画、自言自语的朋友，她的困扰也着实得到了缓解……

你不要试图将想法"赶尽杀绝"，更合理的做法是改变你对这些想法的态度以及与其相处的方式，这一点非常重要。想法产生就产生了，你完全可以不买账。亚里士多德（Aristotle）曾经说过，"只有文化人才能做到对产生的想法毫不在意"。请你一定要记住这句话。亚里士多德的名言关键时刻总是能派上用场，只要你多加练习，也能做到对脑子里冒出的想法置之不理。

你可以把那些想法想象成宴会上遇到的讨厌宾客。你本来没打算邀请他们，结果他们却跟着你公司的朋友布丽奇特一起来了。你没办法，躲已经躲不掉了，你能怎么办呢？你当然可以一整晚都闷闷不乐地盯着他们，盼着他们自行离开（他们可不会让你称心如意），而结果只会让你忽略其他本来想好好款待的客人。要知道，你完全可以换另外一种态度。他们虽然是不速之客，但也不妨碍你好好招待他们，做到彬彬有礼的同时投以你最灿烂的笑容，还可以时不时给他们递上一杯鸡尾酒或是一碟开胃小菜（你可是办晚宴的行家）。当然，你也不要忘记其他客人，还要继续跟他们打成一片，确保每个人都能度过愉快的夜晚。因为这是你的晚宴，这样做才是正确的处理方式，千万不要暗暗地谋划将某位不速之客锁在楼下的洗手间里，要知道，在你胡思乱想的时候，已经忽略了其他真正的好朋友，他们一直盼着你能有时间端给他们一小份惠灵顿牛排，或是能跟他们聊聊家里装修的进展。与之类似，我们对于脑子里冒出的想法也可以采取同样的态度，只要稍微互动一下你就会发现，其实根本没必要把它们扫地出门，置之不理对你来说才是真正的释然和解脱。

切断想法的炸弹引信

我们具体该怎么做呢？传统的认知方法的确可以提供一定的帮助，我们只需要找到一些支持或反对该想法的依据即可。然而，传统的方法也容易让我们陷入思维的怪圈，要知道，我们永远无法跑赢大脑，如果它想对你指手画脚，不论你如何应对，它总是能想到折磨你的新方法。

真正的解决之道是在思考者（你）与想法之间打造出一个空间，在这个空间里你说了算，如何处置该想法你可以自己做主，不必任由其摆布。老实讲，如果你能学会有效控制自己的想法，一定可以改变人生，凡事都可以自己做主，不必再受想法的左右。

想法的炸弹一旦炸开，碎片就会占据整个大脑。要想在你和想法之间打造出一个宁静的空间，唯一的办法就是切断引信。所谓切断想法的炸弹引信就是要消除想法的威力，切断它们对你的纠缠。记住了，你要做的绝对不是判断想法的对错。

总结了几个我个人喜欢的切断引信的办法，稍加练习，你也可以让自己从想法中抽离出来，真正认识到如果太把想法当回事，最终的结果究竟是让人回归自我还是背叛初心（我们后面还将对此进行深入探讨）。切断引信后，可怕的想法可能会自行消失，但那只是切断引信的附带效果，而非你切断行为的主要目的，这一点请你一定记住，否则待到它们再次出现，你肯定会在心里咒骂我，说我没能帮你根除那些想法。问题的关键在于你必须想清楚一点，那就是想法究竟能不能帮你采取行动，能不能促使你追求丰富、充实、鲜活的人生。

如果你已经准备好了，请带好拆卸想法炸弹的工具箱，跟我一起完成切断引信的工作吧。

主动思考

这是我个人最喜欢的切断自我评判和判断的操作，你不妨也尝试一下。

- 调出你脑子里经常冒出来的一个非常负面的自我评价，比如"我是个废物/骗子/死胖子/不中用的东西"，具体是什么你说了算。
- 用 30 秒到 1 分钟的时间仔细体会这一想法，直到内心感受到痛苦。仔细发现因为把它当回事而给自身带来的感受。
- 接下来在刚才那个想法的前面加上"我在想"几个字，于是之前的想法就变成了，"我在想自己是个废物/骗子/死胖子/不中用的东西"。要是你能把它们写在纸上，效果会更好。
- 要想有效切断引信，确保操作的熟练程度达到高手级别，那你可以试着表达如下内容："我注意到自己在想自己是……"

这样一番操作下来，最初负面的想法就发生了如下改变：

- 我是个骗子。
- 我在想自己是个骗子。
- 我注意到自己在想自己是个骗子。

你有什么发现吗？是不是在你和自身想法之间拉开了一定的距离？你是否会觉得自己对最初的想法本身已经变得没那么纠结了？这里的距离就是我前面提到的，在你和想法之间打造一个空间，这么做有没有让你多少感觉到释然？

感谢大脑

有时候，我觉得大脑打扰了自己的生活，就像有人知道你最近遭遇了车祸只能待在家里静养，所以特意往你家的座机打电话一样。（那种感觉你懂吧？）大脑也总爱玩类似的把戏，你不要跟它对抗，但却可以通过感谢它的付出和关心有效摆脱它对你的打扰。除了学会感谢大脑，你甚至可以给大脑起个名字，借此强化切断引信的效果。

大脑：嗨，是我啊，我觉得你该焦虑了呢。

你：嗨，希拉，谢谢你，我挺好的，谢谢你想要帮我，我知道你有探测危险的灵敏嗅觉，但这次我觉得自己搞得定。

大脑：哈哈！你自己搞不定的，休想糊弄我。如果你这会儿不好好琢磨明天的危机，等到了明天可就惨了。

你：谢谢你，希拉。我明白你是想帮我，你还有别的要嘱咐的吗？

大脑：嗯嗯……还有……你容我再想想……

你：这样啊，小希希呀，我还有别的事情要做，要不咱们回头再聊吧？

大声唱歌外加怪腔怪调

这种办法非常有效，可以大幅降低想法的威力。你先调出某个想法，然后把它大声唱出来，很多人愿意用《生日歌》的调子把内心的焦虑唱出来，但我个人更喜欢用《妈妈咪呀》的旋律——当然，选什么曲调都没关系，你甚至可以变换节拍，看看不同的节拍对你内心的想法会不会产生不同的影响。

怪腔怪调的办法跟唱歌类似，你可以模仿某个电影或卡通片的角色，或是某个公众人物，把内心负面的想法用怪腔怪调说出来。憨豆先生的腔调就很适合，你可以模仿他的嗓音说"我简直一败涂地"，看看你对这个想法的感受是不是会发生改变。

你一定要清楚，我让你说出或唱出这些话，目的绝不是要你自我嘲讽，只是希望你能以客观的角度对想法进行观察，不要让它们成为你攀登人生高峰路上的羁绊。

柠檬练习

100多年前，一位叫爱德华·铁钦纳（Edward Titchener）的心理学家发现，如果不断重复某个词汇，该词就会丧失其本来意义。他当时做实验时用的是"牛奶"一词，而我个人更喜欢用"柠檬"，你也可以用"叉子"来代替，只是听上去让人觉得怪怪的。

第二章 | 改变内心想法

现在我们就一起做一遍这个练习。请你连续 40 遍大声说出"柠檬"一词,希望这会儿你不是在公交车上。好,说完了吗?感觉如何?是不是"柠檬"这个词完全变成了一连串毫无意义的发音?如果答案是肯定的,那柠檬一词所引发的联想意义也便不复存在了。

柠檬也罢、牛奶也罢,抑或是叉子,对我们来说都不会有什么负面联想,也不会带给我们什么不好的情绪,但是责备、评判自己的那些话——"蠢""肥""不中用的东西""笨蛋",这些词则不然。

现在请你重复一下刚才的练习,但这次请把重复的词变成你用来自我苛责的那些话。重复至少 40 次,这样才能有效削弱其威力。你要记住,这个练习的目的不是审视自我判断的对错,而是要削弱这些发自内心的自我批评的威力。

做完练习你有何发现?那些话的威力改变了吗?如果你觉得有效,那就试着每周多做几次这样的练习。当然,上班开会时尽量还是别做了,毕竟面对老板一直重复"蠢货"两个字,真的很难不引起对方的误会。

把想法带在身上

你可以在小纸条上把负面想法写出来，然后放进钱包带在身上。写出来的想法或许会让你心痛难过，但你还是要问自己一个问题：你是否愿意把这张纸条带在身上，是否愿意正确地看待它的存在——那不过是几个字而已，你能做什么不能做什么不该由它们做主。我现在的钱包里就放着一张纸条，上面写的是，"我是一个糟糕的心理治疗师"。其实，上面的内容是否属实根本不重要，我每天不还是照样用自己的专业帮助他人吗。每当我觉得自己不够好，就会想到钱包里的小纸条，对于上面的话，我表示认同，然后我便不再纠结，转而把精力用于做真正重要的事情，上面写的不过是我大脑里的一个想法而已。

大脑反复播放电影

我们一直在讨论内心的想法，但很多人并不单纯在用文字思考，相反，大脑很多时候看到的都是画面（空想、幻想、记忆等）。而这些画面和想法一样，也容易形成融合。

第二章 | 改变内心想法

　　画面对大脑的影响远远大于文字，生动画面带给我们的情绪比单纯文字的威力要大得多。

　　画面跟想法一样，也会让我们备感纠结——大脑可能会反复播放你跟前任偶遇的尴尬画面，让你有种生不如死、生无可恋的绝望；又或者脑子里反复播放的是你失去工作、家人、孩子、宠物仓鼠的悲恸画面，一直重复，没完没了，直到你内心感受到难以平复的焦虑。事实上，人类大脑就喜欢把事情往坏处想（别忘了，它这样做也只是想保护你的安全），然后再用绚烂生动的色彩在你的脑海中把想象出来的画面反复播放，每一帧都标注上了"即刻采取行动"的水印。

　　如果你能摆脱脑子里里冒出的消极想法，摆脱消极画面应该也不成问题。从短期来看，这么做或许的确有效——但前面大白熊的例子已经告诉我们，压抑的手段绝非长久之计，你越是压抑，它们出现的频率反而会越高，对你造成的冲击也会越大。也就是说，与其浪费时间和精力遏制大脑中的想法和画面，不如想办法切断脑海中不断播放的影片。

　　别忘了，我们要做的不是消除这些画面，而是要正确看待它们。

重要提示：如果你的痛苦来自虐待、暴力或人身攻击等过往创伤的画面，我强烈建议你去寻求专业帮助，因为我下面要分享的技巧恐怕无法解决你的问题。

电视屏幕

想象自己把痛苦的画面传到了电视或手机屏幕上进行播放，请跟着我继续以下操作：先把画面变成黑白色调，然后再把图片上下颠倒过来或是把它变得模糊不清。当然，你也可以对其进行快进或快退的操作，目的不是把它赶走，而是要让你知道一幅画面根本不可能对你造成什么伤害。

制作预告片

请你想象自己坐在电影院里看相关画面拼接而成的预告片。你可以把预告片的制作想象得非常俗气，旁白每说一个字都拿腔拿调："此时此刻，海伦的厄运已经逼近，她将失去在乎的一切，悲剧即将上演，敬请期待。"

第二章 | 改变内心想法

投影观看

你可以想象画面无处不在,被投射到了墙壁上或是张贴在了广告牌上,也可以将其想象成一幅艺术作品,就挂在你的客厅。

我要切断所有想法、画面的引信吗?
谈何容易啊……

此言差矣。你不必跟所有东西切断联系。事实上,认知融合本身是件很好玩的事情,跟读书或看电影的感觉差不多。如果你喜欢某种想法,想要与其融为一体,为什么不呢?只要那个想法不违背你的价值取向(我们会在后面章节继续探讨价值取向的问题),那你尽情融合就是了。如果你看《星球大战》(Star Wars)时把自己完全置身其外,看到卢克奋力毁灭死亡星球一幕时,你告诉自己根本没有什么遥远的星系,那些不过是塑料做成的模型罢了,那这样看电影还有什么乐趣可言?所以,你想要置身其中,愿意相信真有绝地武士能够运用神力控制茶几上的遥控器，这自然没有什么不好。但是，如果你融合过度，把自己当成了绝地武士，不再去上班，也不再与家人朋友联络，而是把时间都花在用鞋盒和锡纸制作原比例X翼星际战斗机上，那问题可就严重了。

关于切断引信，我想跟你分享一个非常实用的经验，那就是你要切断的是那些对你没用的或是违背真心的想法。过分的自我苛责难道真能促使你加倍努力工作吗？短期内或许可以，但大多数情况下都不具有可持续性。你工作上或许有更优异的表现，也能成为一名更好的伴侣或朋友，而真正让你做出改变的是什么呢？扪心自问，究竟怎么做才能让你采取切实的行动呢？是纠结于"我糟透了"的想法更有效，还是切断想法、忠于本心地付诸行动才能改变你的人生？

补充几句我对积极想法的认识

说到切断想法，我想很多人会眯起眼睛一脸狐疑地看着我，嘴里振振有词地念叨："那积极的想法呢？"

第二章 | 改变内心想法

你们或许还会问我："自我肯定让我心里很舒服，总不至于让我把积极的想法也一起摒弃掉吧？"诚然，积极想法有时的确有用，但也要分具体情况而定——要看你融合积极想法的动机和场合。类似"我超级擅长停车入库"或是"那场面试我表现非常出色"这类的积极想法，与其融合的确没有什么问题，但千万不能融合过度，甚至忘乎所以——"我的驾驶技术非常了得，就算醉酒也能驾车"，"我的医术十分高明，只要是为了救人，哪怕是通过非法渠道获得捐赠器官也无可厚非"。这些都是融合过度的例子。在我看来，唐纳德·J. 特朗普（Donald J. Trump）就是一个与积极想法融合过度的典型。

问题的关键在于与想法融合是否可以让你过上想要的生活，是否可以让你成为你想要成为的人？如果融合积极想法对你真的有效，那你就尽情继续融合吧，不过也要注意适可而止。很多时候，下意识的积极思维实际上是对内心阴暗痛苦的感受和情绪的掩饰。结果可想而知，且长期来看根本不会有什么实际的好处。

重点回顾

如果你能改变自己对待想法、记忆和画面的态度,就一定可以改变自己的人生。它们不过都是一些认知活动,并非决定你生死的独裁者,只要明白这一点,它们的威力就会被大大削弱,而你也将获得更大的自由。

第三章
调节情绪感受

"感受是我们获得认识的最真实途径。"
——作家奥黛丽·洛德（Audre Lorde）

你是希望自己拥有更好的感受,还是更好的感受力?前者是指想办法只去感受那些"积极情绪",而后者是指尽力感受内心出现的所有情绪,做到活得尽兴,毫无保留。猜测一下,我们接下来要探讨的是前者还是后者呢?我们前面已经说过了,所谓应变能力不是要回避情绪,也不是任由其摆布自己,真正的应变能力是要我们活得更加变通,顺应生活的同时又不丧失自我。想象一下,如果你能开启一个空间,把今天感受到的所有情绪——焦虑、伤心、内疚、幸福、快乐、沮丧、心烦——都放在里面,然后继续自己的生活,做在乎的事,联系在乎的人,那将是多么美好的一种体验。接下来我们就一起学习如何培养持久的应变能力。

情绪的真相

所谓情绪,是指人类脑中所引发的复杂生理变化。一旦有事情发生——既可以是记忆、想法等内心的变化,也可以是与他人发生争执、听到坏消息等外在变化——大脑就会将其界定为需要加以关注的变动,促使你付诸行动加以应对。整个过程历时很短,甚至等不及你说上一句"我没事!你也还好吧?"一切就已经完成了。

至于说人类究竟有多少种情绪,不同的人有不同的看法,在此咱们姑且将其分为六大类:

- 恐惧
- 愤怒
- 反感

- 难过
- 惊讶
- 快乐

这六种情绪中，你最喜欢的是哪一种？快乐，对吗？我也是。惊讶也还可以，最好是"在沙发后面找到钻石"的那种惊讶，而不是"老天！我的鞋子里竟然有一只蝎子"的惊讶。至于其他四种情绪，嗯，虽然它们不太招人待见，但毕竟也是我们经过进化才能体会到的感受，所以我想再强调一遍，所有情绪都不是坏事，漫长的人类历史发展过程中，要是没有情绪的帮助，我们根本活不到今天。不过，你知道最奇葩的是什么吗？就是我们都渴望自己拥有更强的感受力，甚至还会主动找机会强化内心的各种情绪——比如，看喜剧是为了感受快乐，看恐怖电影是为了感受恐惧，看《外星人》是为了感受无尽的悲恸和茫然。谁不曾闲来无事找到"快乐小分队"的歌听听，目的只是想感受一下他们的悲伤呢？人类之所以喜欢音乐、艺术、文学，就是想从中感受不同的情绪，这是人的天性。但问题是，我们不仅想要感受情绪，还希望自己能掌控局面，一旦有自认为不好的情绪不请自来，总是想要将其赶尽杀绝。

"正当痛苦"对比"不当痛苦"

关于幸福，人类有很多错误的认识，最普遍的一种就是认为幸福是人类的正常状态。回顾一下我们前面列出的六种情绪你就会发现——积极情绪所占的比重并不大，对吧？至少30%的情绪都是我们所认为的"消极"情绪。要知道，人类之所以能活到今天，靠的可不是轻松和幸福的心情。然而，事到如今，本来非常自然而正常的负面情绪，即使是在合理的范围内，一旦被我们感受到，我们首先冒出来的想法就是将其彻底消除。想象一下，如果你丢了一份工作或是结束了一段恋情，又或是父母得了不治之症——感到难过、焦虑和害怕，不是很正常的事吗？这些痛苦的情绪我们可以将其称为"正当痛苦"，人只要活着，都会面临这些痛苦。问题在于我们太想把它们赶尽杀绝了，一旦求而不得，就又会造成一种新的痛苦——即"不当痛苦。"这第二种痛苦的产生正是因为我们想要消除"正当痛苦",而结果却只会加重内心痛苦的感受——你要么开始逃避爱情,要么为了改善心情而暴饮暴食,要么把自己封闭起来让人生变得了无生趣,这些都是"不当痛苦"造成的后果。仔细想想,你会不会觉得很讽刺?你本来是想控制最初的那些"正当痛苦"的,结果不但没有得逞,反倒让痛苦占了上风,被它限制了人生。也就是说,你不仅没有消除原来的"正当痛苦"——结束一段感情带给你的难过情绪——反而还人为地给自己增加了新的"不当痛苦"——比如养成了酗酒的毛病——不仅加重了原来的痛苦,而且扰乱了你的正常生活。你可以这样看待二者的区别:只要生活中还有你在乎的事,"正当痛苦"就无法避免;而"不当痛苦"则不然,只要你能找到有效的应对方法,完全可以和"不当痛苦"说再见。

把情绪想象成充气皮球

我们为什么要把情绪想象成充气皮球呢?请听我细细道来,因为这样做可以帮助我们更好地认识情绪。度假时，你有没有在泳池玩过充气皮球？要想一直把它按在水下需要花费很大力气，对吗？如果你一直执着于此，便不可能做其他任何事情。一旦松开手会怎么样呢？充气皮球会突然冲出水面，并且反弹力特别大，甚至可能打到你的脸，旁边的人肯定会被逗得哈哈大笑，而你只能硬着头皮假装自己玩得很开心。

如果你想与真正的人生擦肩而过，尽可以一意孤行

如果你一味地想把负面情绪赶走，结果只有两个：一是它们会像充气皮球一样再次冲回到你的面前；二是你会错过人生的其他经历，因为你把精力全部用在了消除负面情绪上。这种试图消除负面情绪的做法有一个专业名称，即"体验逃避"，是指一种不愿意触及内心痛苦体验的状态，但这样做往往会带给我们更长久的痛苦和折磨。

我对这个问题做过一定的思考，如今我更加明确地认为，正是我们想要驱赶负面情绪，反而造成了很多不

必要的痛苦。没错,的确存在一些所谓的技巧可以帮助我们逃避负面情绪,但那也只是暂时的逃避。长远来看,我们不仅无法摆脱负面情绪,生活质量还会受到影响,最终导致我们与自己真正在乎的东西渐行渐远。

那我们为什么还要这样做呢?主要原因在于我们大都不知道该如何有效应对情绪。学校每周一的上午都会安排两节数学课,但似乎从来没有教授"接受情绪"的课程。面对负面情绪,我们似乎只有两个选择:要么连同积极情绪一起压制,以将其拒之"门"外,要么连同积极情绪一起消除,索性鱼死网破。

赶尽杀绝

为了控制内心的感受,你会采取下面哪些手段?

- 喝酒
- 借助药物
- 吃东西
- 做爱

- 锻炼
- 看电视
- 上网
- 自我苛责
- 责怪他人
- 逃避亲密关系
- 给予自己正向的肯定

应对情绪的手段当然不止这些，你可以把自己喜欢的方法也加进去。我必须再次强调，这些办法偶尔用用无可厚非，我本人偶尔也会坐在电视机前捧着巧克力饼干盒子狼吞虎咽。然而，如果这些办法成了你习惯性的下意识反应，只要有情绪你就毫无节制地使用这些手段，那问题就出现了。这些手段只能起到暂时缓解的作用（也正是因为它们只是短期有效，所以我们才不得不反复使用），但是只要仔细想想，你就会发现，长期来看它们对你的身心健康没有任何好处。不仅如此，这些教条的手段还会让你偏离原本的人生轨迹，与真正在乎的人和事渐行渐远。

第三章 | 调节情绪感受

回顾过往情绪

在此，我们有必要回顾一下自己对情绪的了解程度，特别是我们在童年时期学习过任何有关情绪的知识吗？请思考以下问题：

- 哪些情绪不被允许？
- 哪些情绪可以公开表达？
- 小时候生气时，周围的大人会对你说什么、做什么？
- 你身边的人遇到负面情绪时，通常会采取什么方法应对？
- 你现在遇到负面情绪时，还在用多年前的老办法应对吗？

要知道，这世上没有完美的"情绪教育"，所以不要以为有人能够轻松应对所有情绪和打击，能够活得一帆风顺。我们以往学到的方法，有些有用，有些却毫无价值。上面提到的问题只是想帮助你了解自己对情绪的判断，看看哪些方法至今对你仍有帮助。

正确提问

你应该问自己：

"为了过上想要的生活，我愿意体会什么样的感受？"

而不要问：

"我怎么做才能结束这种感受？"

你我都无法完全掌控自己的情绪，即使有时能够对其施加影响，甚至短暂地逃避，但其实我们控制的不是情绪本身，而是应对情绪的做法。

你可以想象自己身上装有两个仪表盘：第一个测量的是你的情绪痛苦，指针会随着你生活上发生的变化而左右摆动：晋升无门、孩子患病、爱犬离世——痛苦等级如果是 1～10 的话，一旦发生这些事，你的指数一定会飙升到 10。人生在世，只要还有你在乎的人和事，情绪痛苦就在所难免。你可以想象这个仪表盘就固定在你背后肩胛骨中间的位置，就算你能把身体扭转成奇怪的姿势，还是无法触摸到仪表盘，因此也无法调整上面的数值。

接下来我们再来看看第二个仪表盘。这个仪表盘就戴在你的手臂上，衡量的是你的意愿，即你究竟愿不愿意感受某种情绪，任何一种情绪。这个仪表盘就戴在你的手臂上，所以你很容易就能拨弄上面的指针，也就是说，你对这个仪表盘拥有绝对的掌控权。如果有事情发生，你又无法阻止对于变动所引发的负面情绪，你有两个选择：既可以扭曲身体痴心妄想地试图操控后背的仪表盘（即使你能想办法触摸到仪表盘，也无法对自身情绪做出长期的改变），也可以调节手臂上的仪表盘，用开放的心态接纳自己的情绪。

接纳不等于忍受

你千万别激动，我不是要你委屈而痛苦地度过余生，所以千万不要一怒之下把这本书扔出窗外，请一定听我把话讲完。

我说的是接纳情绪，而不是忍受情绪，不是让你咬着牙承受痛苦。接纳情绪不是让你忍气吞声、委曲求全、逆来顺受、自我压抑，也不是让你改变内心的感受——这些都不是接纳的本意。

所谓接纳情绪，是要为情绪留出空间，哪怕是对那些你不喜欢、不认同的情绪也不例外。接纳意味着愿意感受情绪，不管是怎样的情绪，只要出现，你都愿意对其抱以开放的心态，适应它、感知它、收留它。为什么要这么做呢？因为只有这样，你才能按照自己的价值取向付诸行动，即使是令你不适的情绪也不会影响你坚持自己的方向、做真正重要的事情，因为你不会为了将情绪赶尽杀绝而浪费过多时间和精力。

接纳情绪不等于接受被霸凌、被欺负、被不公地对待。接纳情绪只是要为这些状态下产生的情绪留出空间，这样你才能付诸行动、实施改变。一味地压抑愤怒和恐惧很可能让你遭遇更大的痛苦。内心忍受着巨大的痛苦却笑容满面地告诉别人"我很好"，这样做只能让你抹杀掉痛苦想要传递给你的信号——它想告诉你眼下的境遇对你十分不利，所以你不可以听之任之。如果我们能找到空间收留那些情绪，就能对当下的境遇有更加清晰的认识，从而做出相应的改变，让自己和身边的人过上更加幸福的生活。你想想，如果纳尔逊·曼德拉（Nelson Mandela）、罗莎·帕克斯（Rosa Parks）或是艾米琳·潘克斯特（Emmeline Pankhurst）当初都没有倾听情绪痛苦所发出的信号，他们怎么可能取得后来的伟大成就？

智慧向导

情绪并非让人厌恶的东西，需要我们加以控制；相反，情绪是一个智慧向导，它可以让我们知道内心深处最在乎的是什么。痛苦的感受中往往都隐藏着一丝智慧，能够让我们了解内心真实的想法。毕竟，对于那些不在乎的东西，你根本不会感到难过、愤怒、恐惧或不安。

假如说我是霍格沃茨魔法学院最聪明、最有潜力的魔法师，可以对你施以魔法，从此让你再也不会有难过、恐惧、焦虑、沮丧、心烦及其他任何你不喜欢的负面情绪。用赫敏·格兰杰（Hermione Granger）的话说就是"侵入你的内心"，但代价是你再也感受不到快乐、幸福、被爱、满足、开心或任何你喜欢的情绪，你会作何选择？大多数人都会拒绝我的魔法，不愿意毫无情绪地度过一生。所以你明白了吧？我们需要的不是消灭情绪，而是更好地管理情绪，不要让它们成为我们追求幸福路上的绊脚石。

不要对抗情绪，要顺势而为

面对情绪，我们要做的不是对抗，而是顺势而为。接下来这个练习可以让你更好地接纳各种感受和情绪，从而做到借力打力、顺势而为。你可以每天稍加练习，不过请记住，你不需要一天24小时不间断地接纳内心所有感受和情绪，谁都需要一时的分神和逃避。但是，对于那些你一直试图逃避的感受和情绪，我倒是建议你一定要为其留出空间，学会正视并接纳它们。

切断引信

都说要从痛苦的情绪中学习进步,但说起来容易做起来难,我想你读到这儿或许也在牙关紧咬。还记得我们上一章讲过切断引信的办法吗?在这里它也可以派上用场。或许你注意到大脑已经提出了抗议,念叨着:"我不可能听你的,你这个疯女人!"不过,你还是要感谢它,感谢它配合你,否则你没办法完成这个练习。记住,练习的过程中你可能还是会冒出一些想法,比如:"我为什么会有这样的感受?"或是"我是不是有毛病?"又或是"我为什么会这么想?"每到这个时候,你都可以继续使用切断引信的办法,摆脱大脑对你的影响,继续完成后面的练习。

用心体会

情绪一旦出现,身体就会有所反应,我们首先要做的就是用心体会。下面,我们就来看看你身体的反应,包括身体各部位有了怎样的感受。这个练习可能需要几分钟的时间,但如果你觉得有必要,适当延长也没问题。只是你要记住,练习的目的不是让你身体放松,而是要确定身体的感受。

- 闭上眼睛，做几次深呼吸。
- 用心感受身体与椅子的接触或脚与地面的接触。
- 注意一呼一吸的感觉。
- 体会空气进入你的身体、胸腔，感受胸腔伴随呼吸的起伏。
- 接下来，看看你能否体会到平常大多会逃避的情绪——可以是难过、内疚、恐惧或焦虑。如果你什么也感受不到，可以回忆上一次内心出现负面情绪的情形。仔细回忆当时的感受，让它成为你此时此刻的情绪。
- 由上至下依次观察身体各部位的感受，从头到颈部、肩膀、胸部、腹部、胳膊、腿和脚，看看你之前一直想逃避的究竟是怎样一种身体感受。

做好标记

你的感受是什么？你可以对自己这样说："我体会到一种焦虑／沮丧／愤怒的情绪"——找到能够描述你

情绪的合适表达。

这个任务看似简单，但事实上我们很少会花时间去体会身体的感受，更不会标记出其具体类别。如果你从来没有这样的习惯，我建议你慢慢学着这样做，一定会受益匪浅。对于出现的某种情绪，你要仔细观察身体的感受，并判断出该情绪与其他情绪之间的差别。难过时，你是怎样的感受？与无聊和沮丧带给你的感受有什么不同？我们要慢慢学会了解情绪带给自身的不同感受。

探索发现

现在我们来玩一个角色扮演的游戏：想象你是一位科学家，研究的是人的身体感受（我喜欢把自己想象成生活在爱德华七世时代的强大女性，戴着大帽子，正拿着网子收集各种东西），突然你发现了一种前所未有的情绪，请问自己以下几个问题：

- 这是来自我身体哪个部位的感受？
- 如果我沿着它的外围圈出轮廓会是什么形状？

- 什么颜色?
- 什么质地?
- 它有温度吗?是冷的还是热的?
- 它是流于表面的感受还是发自心底的感受?
- 它是动态的还是静止的?

除了这些,你还可以观察它的其他物理特性。

调整呼吸

现在你已经观察出某种情绪的所有特质,看看你能不能通过调整呼吸为其打造出一个空间。想象你将这个空间不断向外拓展,为情绪营造宽松的环境。你不需要对情绪做什么,只需要看看能不能与其和平共处。

天有不测风云

做这个练习时,你可以充分借助想象来帮助自己。你可以把自己想象成广阔的天空,不同的天气状况代表的就是你的各种情绪。天气有时晴好,有时阴冷,总是变幻莫测,但无论它怎么变,天空都会为其留出空间,自身也不会受到恶劣天气的伤害。情绪也是一样，也不应该对我们造成任何伤害。有些情绪会让人不快，对吗？对。有些情绪会遭人嫌弃，对吗？对。有些情绪会让人始料不及，对吗？也对。但情绪本身并不具备任何伤害性，绝对没有。

温柔以待

我们一辈子都在逃避情绪，这会儿突然让我们正视并接纳它们，操作起来确实不容易。但是如果我们做得到，就会终身受益。这个过程中我们不要着急，不要对自己过于苛刻，很多痛苦的记忆和想法还是会再次冒出来，这很正常，我们要有心理准备。看看你能不能体会到这些痛苦经历带给你的感悟，是否能帮你认清自己真正在乎的东西。想象你仔细呵护自己的情绪，要像对待一只精美的蝴蝶或是一个啼哭的婴孩那般温柔。

感受可能改变，也可能不变

之前我们说过，切断想法的引信会带给我们额外的好处，接纳情绪也是如此，不愉快的体验可能会自动消失。我们当然都想获得这样的意外收获,但还是请大家不要每次都抱着这样的期盼,更不要将其作为追求的目标。如若不然,你又会重蹈覆辙,再次回到拒绝接纳情绪的最初状态。感受可能改变也可能不变,我们要做到泰然处之。

驾驭冲动

情绪有时候会让人感情用事,总觉得要做点儿什么才行,总想改变当下的体验或处境。然而,很多时候我们都成了冲动的俘虏,比如,因为一时冲动吃了一大块巧克力、连喝了三杯马提尼、对不爽的人出言不逊、上网浏览了熊猫幼崽的视频(我确实听过有人用这种方法缓解压力)。要知道,在做这些事情时,我们其实忽略了真正重要的人和事。长此以往会有怎样的结果呢?我们只要感情用事,就会暂时赶走负面情绪,而若它再次出现,我们还是会沦为冲动的俘虏。

当然,如果上述行为不会阻碍我们追求人生的真谛和幸福,那我们尽可以随意暴饮暴食,任由自己沉迷于熊猫幼崽的视频。可是，如果你过分屈从于冲动，总是感情用事，那长期下来恐怕会给自己造成更大的伤害。

有时候，我们之所以屈从于冲动是因为觉得它有排山倒海之势，凭借自身力量根本无法招架。而再后来，因为我们已经采取了暴饮暴食等行动让冲动暂时退避三舍，所以永远没办法知道它其实根本没有什么排山倒海之势。事实上，冲动的浪潮会慢慢退去，在海岸上四散开来，根本不会一直对你造成困扰。

如果我们不屈从，而选择控制冲动，那又该怎么做呢？20世纪80年代，两位研究人类上瘾行为的美国心理学家首次提出了"驾驭冲动"的概念，因为他们深知冲动对我们没有任何好处。在他们看来，人类不要想着抵制、对抗冲动，要像冲浪时随浪而行一样驾驭它们，了解潮涨潮落的规律，随着它们上上下下地起伏。这主意听起来不错，不是吗？

要想驾驭冲动，就需要再次使用上面提到的办法，具体操作步骤如下：

- 留心体会体内的冲动，感受它处于身体的哪个部位。

- 感知大脑的活动,它是不是在怂恿你屈从于这种冲动,告诉你根本无法招架,甚至给你勾勒出一幅画面,告诉你一旦就范,一切会有多么美好?你要用上一章学过的方法努力切断这些想法和画面的引信。
- 做好标记——比如"我有一种……的冲动"。
- 调整呼吸,正视并接纳冲动,千万不要轻举妄动。
- 体会冲动的起伏,加强或弱化都有可能。
- 留心观察冲动与行动之间的空间。
- 选择应对方式,问自己怎样做才符合自身的价值取向。

铭记初衷

正视并接纳不开心、不喜欢的感受就是在朝着符合我们价值取向的方向生活。我们情绪爆发不是为了寻求刺激——毕竟寻求刺激有更好的方式。接纳情绪将带给我们很多好处，其中最宝贵的就是它会让我们了解自己真正在乎的东西。要想找到人生真谛，我们必须掌握切断想法引信和接纳情绪的技能。

重点回顾

无论出现何种感觉和情绪都属于非常正常的现象，要知道，这世上没有什么不被允许的情绪，对于这一点，不管大脑跟你说什么，你都不要相信。相反，不管出现什么感受，身体表现出什么反应，我们都要正视并接纳，这样才能慢慢学会摒弃那些对我们没用的手段，回归本心，按照自己希望的方式生活。只有接纳情绪，我们才能增长智慧和见识，而只有增长了见识，我们才能拥有改变的勇气和力量。

第四章
提高自我认识

"认识你自己。"
——希腊古都特尔斐(Delphi),阿波罗(Apollo)神庙经文

所谓提高自我认识，指的是不仅要了解自身的想法和感受，还要了解周围的客观世界。要想提高自我认识、培养自我意识，真正做到"认识自己"，就必须接触并挖掘其他事物。我们在本章会说到一些深奥的内容，请你务必打起精神，穿好黑色高领毛衣，再来一杯意式浓缩咖啡，或者在心里点上一根高卢金丝香烟帮自己提提神。

顺流而下的落叶

我想先请大家跟我完成下面的练习,然后咱们再就你的感受进行深入讨论。

- 找一个舒服的姿势待着,可以闭上眼睛,也可以盯着某处。
- 想象自己坐在潺潺流动的溪水边,水面上有落叶顺流而下,具体的场景你可以自己发挥想象。
- 接下来的几分钟,请把你脑子里冒出来的所有想法统统放在流动的叶片上,让它们跟着落叶一起漂走。
- 不管你的想法是积极的还是消极的,是可怕的还是美妙的,统统放在落叶上,让它们一起顺流而下。
- 用心体会是否存在某个自我正在把大脑中产生的想法放在落叶上。不仅如此,它还在评判你眼下正在完成的这项练习,随时监视着你的所有表现。

- 接下来请用心体会是不是还存在另外一个自我，它正在观察之前那个自我的思想活动。
- 如果你无法全程集中注意力也很正常，如果发现自己走神，不要掩耳盗铃，尽管承认现实，然后继续完成练习就好。
- 仔细体会走神时出现的那个自我，不仅能发现走神的问题，而且能把你带回正轨。
- 你肯定不止走神一次，这也很正常。各种想法总是来了又走，走了又来，但那个能留意到各种想法存在的自我，却始终不会离开。

你肯定会觉得这个任务实在太难了，需要观察和留心的事情太多。我们接下来就来拆解剖析每个步骤，希望能够消除你的疑虑。你脑子里一定冒出了很多想法——关于你自己、关于这个练习、关于你今天的日程安排等。你之所以会产生想法，是"思维自我"在发挥作用。但你有没有发现，你竟然可以留意到"思维自我"的存在？这就涉及到一个更为深奥的概念，那就是"元认知"。想到要讲得这么深奥，我头都大了，你可知道，我们才刚刚开了个头而已。关于那个可以留意到这一切的自我，我们很难在日常用语中找到一个词来形容它，权且称其为"观察自我"吧，我想你应该不会有什么意见。

"思维自我"

"思维自我"由你全部的想法、画面、记忆、感受、身体反应所构成，还包括你关于自身、他人和外界的所有体会。我们在前面的章节中就提到过，具备思考能力至关重要，但是如果过度纠结于各种想法，对我们来说绝不是什么好事。"思维自我"就如同我们看 24 小时新闻频道时屏幕下方滚动的新闻条，搞得滚动播出的每条新闻都是"爆炸性新闻"似的。大脑面对各种想法和画面时也是这种状态，或许我们长久以来都在用"思维自我"与外界发生互动，所以特别容易听信它提供给我们的信息。

"观察自我"

我们接下来要说的内容有点深奥，请你一定要认真体会。我们在思考、判断、评价、回忆、想象、推理时，始终存在一个能够观察大脑的独立自我，不仅能留意到你对自身想法的体会，还能观察到你对外界的注视和聆听——上面的练习就充分说明了这一点。当然，它同样也能意识到你此时此刻正在读这本书、这段话。或许你正一边读一边想"我真是太爱这本小书了"，但也可能你的想法是"这本书真是浪费了我的银子，一点用处也没有，还不如买包薯片呢"。在你一边阅读一边思考的过程中，你的"观察自我"也在观察着你阅读和思考的动作及内容。

又或者，你发现自己读到这儿时走神了，想到了别的事情，比如该去把衣服洗了，或是要不要囤一些番茄罐头（答案总是肯定的）。当你发现自己溜号后还能把思路转回来，并且继续往下读（至少我希望是如此，不过你也可能真的去洗衣服了），这正是"观察自我"的功劳。

我自愈了

如果你想超越"思维自我",强化自我意识的同时提高总体认识,就一定要让"观察自我"发挥作用,只有这样才能洞见症结,抓住要害。下一次,如果市场部的佐伊再折磨你,让你做"天马行空胡思乱想"的练习,你也可以反过来让她反观自己,让她找到自己的"观察自我"——你就告诉她,只有这样,才能洞见症结、抓住要害。到时候,如果对方咬牙切齿地表示拒绝,你也可以观察一下自己内心的想法和判断,甚至可以同时留意她对你的观察,这一系列操作之所以能够实现,同样还是要感谢你的"观察自我"。好了,我还是适可而止,以免你听多了厌烦。

当初,我刚知道自己意识中存在"其他"自我的时候,总觉得脑子里住着一个跟踪狂,一直在透过窗户诡异地窥探我的一举一动,或是像《指环王》(*The Lord of the Rings*)里的索伦魔眼,始终在观察我在魔多世界的艰苦战斗。可是我要告诉你,一旦习惯了它的存在,你就会意识到"观察自我"有多么重要,它能帮助你更好地了解自己的内心世界,也是提高自我认识最强大的工具。

第四章 | 提高自我认识

你究竟是谁

如果我让你做自我介绍，我想你的回答一定是"我怎样怎样"之类的内容——我有一个小孩、我是一位脑外科医生、我有兄弟姐妹、我很爱干净、我做事比较磨蹭、我为人很善良、我体重正常、我身体健康、我很害羞，等等。

这些自我相关的信息以及所有我们扮演的角色标签，对我们来说都十分重要，有了它们我们才能获得心理上的认同感。但是，如果我们死命抓住这些标签不放，问题就出现了，毕竟谁能保证自己一辈子都扮演同样的角色呢？！如果我们一味地用以上角色来定义自己，一旦角色转变，我们又该怎么办？如果我们僵化地死守自己给自己贴上去的标签，不管是好是坏，都不可能按照本心和价值取向度过充实的人生，不是吗？

你已经知道该如何切断想法的引信，也知道该如何接纳情绪，这两个方法都很有用，但与它们比起来，找到"观察自我"并用它来认识外面的世界更加重要，因为只有"观察自我"才能让我们拥有更加明确的自我认识，也只有基于这样的认识，我们才能在面对人生挑战时想出有效的应对办法。

我们在"如何调节情绪感受"一章中已经说过，想法和感受就像天气，而我们则是广阔的天空，任何内心的体验都不会对我们造成伤害。这天空就是"观察自我"——它稳定持久、不易改变。很多曾经遭受过创伤的人都会提到与"观察自我"的互动，没错，他们在身体和情感上可能遭受过严重的伤害，但内心却始终存在一个完整健全的自我，那就是"观察自我"。

让自己成为棋盘

为了加深大家对"思维自我"和"观察自我"的认识，我们不妨试试"棋盘隐喻"的练习。

想象一下，你正在跟别人下棋，或许是在一个老年人午后常去遛弯儿的公园。你所有消极的想法和感受都是那些黑色的棋子，而积极的想法和感受都是白色棋子。每次大脑产生出有消极想法或感受时——比如"我

就是个废物 / 我太紧张了 / 我一事无成"——请你想办法用白色棋子扳回一局，你可以做出如下回应："那根本不是事实，我很优秀。"这样僵持一阵后，你就会发现：你每下一枚"积极"的棋子，大脑就会自动摆放一枚"消极"的棋子，这就是大脑的运行方式。没办法，你只能继续下白棋，继续跟黑棋抗争，想方设法用积极对抗消极。结果问题变得越发严重，因为这场游戏永远无法结束——棋子的数量无限增多，棋盘也可以无限量地向四周延伸。这可不是你的初衷——你最初不过是想好好下盘棋，顺便还能在公园走走，不是吗？可是现在呢，你却被牢牢地困在了这场自我斗争中，毫无意义却令人万般疲惫，眼看就要到吃午饭的时间了，这场战斗却丝毫没有停止的迹象。

那我们该怎么办呢？不要以为自己是围棋大师，非要包抄所有的消极想法。相反，你要意识到自己并非棋手，而是承载黑白棋子的棋盘，你可以承载各种想法和感受，任它们冒出来相互打架，而你则可以让自己置身其外。你是棋盘——结实而牢靠，既可以容纳比赛，也可以从旁观察。也就是说，你一旦把自己当成棋盘，就可以摆脱掉黑白棋子的纠缠：它们打它们的，你要用有限的时间和精力做真正有意义的事情。

跟"观察自我"做朋友

怎样才能跟"观察自我"打成一片呢？我教你一个好办法。在这个练习中，我们可以把所有想法、感受、情绪、身体反应、冲动、肉体及生活中扮演的角色统称为X，我建议大家每周都能做几次这个练习。

1. 用心体会X。
2. X出现，你也留意到了它的出现。
3. 如果你能观察到X，意味着你不是X。
4. X总会时不时出现，还会不断发生改变，但那个能够留意到这些变化的自我却始终不变。

我想告诉你的重点是：我们的内心世界永远在发生变化，但能够感知到这一切的自我却不会改变。不仅如此，如果你能观察到这些变化，就意味着你不属于变化本身——你可以让自己置身其外。

一以贯之的自我

这一练习由三个步骤组成，简直堪称神奇三部曲。坚持练习，你一定会受益无穷。你可以先通读一遍，然后再按照步骤逐一做出尝试。

第一步：

- 首先请闭上眼睛，把注意力放在呼吸上，体会气息通过鼻孔进入身体，随着呼吸进入肺部后又被呼出体外。坚持这样呼吸几分钟。
- 一切准备就绪，你可以回想一段儿时的痛苦记忆（但不要是那种给你造成严重创伤的记忆），比如你被朋友排挤或感到无比孤独的体验。请从"儿时自我"的角度出发，仔细体会你在那段记忆中看到了什么、听见了什么。另外，你脑子里发生了什么变化——出现了什么样的想法和担忧？你的身体有什么感受？出现了怎样的情绪？
- 如果你能观察到这些想法、感觉、情绪，那就说明你跟它们不是一体的,你是一个独立其外的存在。

- 那些想法、场景、声音、情绪、身体感受会不断改变、发生波动,但能够观察到这一切的你却能保持始终如一。你从来不曾改变,你还是原来的你。
- 现在请用心体会那个"儿时自我"视角后面是不是还有其他什么人,你能否体会到自己作为那个观察者的存在?另外,作为观察者,你想对那个经历了痛苦和挣扎的"儿时自我"说点什么?

第二步:

- 现在,请你从近期发生的事情中寻找一个痛苦的记忆,跟上一步寻找儿时记忆一样,请你观察自己内心的变化。你感受到了怎样的情绪?你在身体的哪些部位感受到了情绪的变化?你听到了什么?看见了什么?
- 如果你能观察到这些想法、感觉、情绪,那就说明你跟它们不是一体的，你是一个独立其外的存在。

- 那些想法、场景、声音、情绪、身体感受会不断改变、发生波动，但能够观察到这一切的你却能保持始终如一。你从来不曾改变，你还是原来的你。
- 现在请用心体会在那个"不久前自我"视角后面是不是还有其他什么人，你能否体会到自己作为那个观察者的存在？另外，作为观察者，你想对那个经历了痛苦和挣扎的"不久前自我"说点什么？

第三步：

- 现在请用心体会此时此刻自己内心的变化。你感受到了怎样的情绪？你在身体的哪些部位感受到了情绪的变化？你听到了什么？看见了什么？
- 如果你能观察到这些想法、感觉、情绪，那就说明你跟它们不是一体的，你是一个独立其外的存在。

- 那些想法、场景、声音、情绪、身体感受会不断改变、发生波动，但能够观察到这一切的你却能保持始终如一。你从来不曾改变，你还是原来的你。
- 现在请用心体会是不是还有其他什么人观察到了这一切，你能否体会到自己作为那个观察者的存在？那个观察者不仅陪伴着你的"儿时自我"和"不久前自我"，还将陪伴你的"未来自我"。
- 你想对此时仍在痛苦和挣扎的自己说点什么？

练习做完了，你感觉如何？奇怪？震撼？不安？我跟许多人一样，第一次做这个练习时，感觉也很复杂，但现在它已经成为我认识自我最重要的一种手段。每次想到有个自我会一直与我同在，内心总会涌起一种安稳踏实的自我意识。

我前面说过这一章会很深奥，你现在体会到了吧？

重点回顾

想要超越你给自己贴上的标签,想真要正了解自己,你就必须找到内心深处的自我。你可以给内心感受留出一个空间,把它们装在里面,而你则要把时间和精力用来做那些真正重要的事。如果你能找寻到那个踏实安稳的自我,就会感受到无穷的力量,自然也会成为更好的自己。

第五章

做到全情投入

"全情投入的能力是保持心理健康的必要条件。"

——心理学家亚伯拉罕·马斯洛（Abraham Maslow）

你会经常走神吗？如果会，请举手示意我。我想每个人都会举手吧？一定是的，即使你坐在最后一排，我也能看到你的反应。人类的大脑就像一个不安分的孩子，绝对不肯老老实实地坐在那儿，永远都在瞻前顾后，很少能全情投入在当下。可是，要知道，当下才是付诸行动的时刻。这样说来，如果你能学会一些技能，帮助自己专注于当下，那就可以更有效地驾驭深层意识，从而提高自己的生活质量。

>>>>> 我自愈了

人类大脑都在想什么

人类似乎不太喜欢活在当下。一项哈佛大学的研究发现，人类47%的时间都在琢磨当下以外的事情，要么是在回顾过往，要么是在预测未来。研究显示，我们可以通过一个人心不在焉的程度准确测试出其生活是否幸福，具体说来就是"通过了解大脑脱离当下的频率以及随后的思考方向，可以准确预测出一个人幸福的程度；相比之下，当下从事的活动却没有这项预测功能"。比如，你在现实世界中可能正在从事一项最有益的活动——游猎旅行期间在遥远的异国酒吧观看成群经过的斑马，或是幸福地把饼干泡进奶茶里，又或是荣获了奥斯卡大奖——但只要你心思不在当下，就不可能好好感受美好的时刻。听上去是不是挺有道理？人类真的很难做到"活在当下"，大脑总是在过去和未来之间跳来跳去，像是弹球游戏里的那颗不幸的弹球，让人感觉人生似乎很难把控，所以只能乖乖承受随机想法和情绪的支配。你或许会认为这是好事呀，人类大脑具备比神秘博士还强的时间旅行能力,这是人类独有的能力,是我们比较、评价和判断的根本。没错,其他动物确实不会花时间自寻烦恼,不会想这次洞穴市场行情下跌后隔壁洞穴的价钱会不会上涨?扩建现有洞穴究竟值不值得?搬到旁边洞穴中的邻居为人如何?要知道,我们人类正是因为反复琢磨这些事,才会对眼下的生活严重不满。

反刍思维

反刍俗称倒嚼,是指牛等动物进食一段时间后将半消化的草料从胃中返回嘴里再次咀嚼的过程。想想是不是有点恶心?不过这一现象中有一点非常值得我们深入思考:牛反刍期咀嚼食物的时间竟然比最初进食时的咀嚼时间还要长。好吧,我们还是说回人类:我们反复纠结于过往的做法其实就是一种心理上的反刍。对于过往的事情、伤痛、屈辱我们做不到释然,总是反复拿出来琢磨。如果能做到适可而止,也算正常反应,毕竟谁不想把发生的事情搞明白,从而有效控制事情带来的危害呢?比如,好朋友突然对你很刻薄,于是害你琢磨了半天;某位同事在明知你有洁癖的情况下还擅自用了你的杯子，你难免对此耿耿于怀。但是，如果我们想得太多，想得太深入，不仅无法缓解内心的痛苦，反而会因为脱离了现实而给身心造成更大的压力。

忧心忡忡

我们的大脑如果没在反刍过往又会在做什么呢？很大概率是在忧心未来，即所谓的杞人忧天。当然，不可否认，人类畅想未来、计划未来的能力绝对举世无双，适度的担忧对人类来说也是好事：比如，因为担心自己得癌症，于是去医院做癌症筛查，这当然是明智之举，这种担忧当然对我们有利。但是，如果你因为过分担心而不敢去医院做检查，那你的担忧就适得其反了。"忧心忡忡"这个家伙绝对是个诡计多端的狡猾角色，常常假冒成解决问题时的运筹帷幄，总是趁你毫无察觉就钻进你的脑子，还跟你承诺会帮你解决问题，但事情并非如此。担忧未来不是不可以，但一定要适度，就像饮酒一样，要管得住自己。

自动运行模式

大脑胡思乱想时大多是进入了自动运行模式，这一功能当然有其存在的价值，因为它可以提高我们做事的速度和效率，也能节省我们投入的心思和精力。早上起床后，我们会先冲个澡，然后再给自己冲杯咖啡，这些事都不需要深思熟虑，毕竟，对于像我这样有了些年纪的人，要是做每件小事都要仔细斟酌，那恐怕到了晚上都出不了门。不过，有时想想，在家待一天的想法或许也不错。但是，如果我们不管做什么事都仰仗自动运行模式，那问题就严重了，我们会变得越来越心不在焉，那样的话与行尸走肉又有什么区别？我们不妨看几个心不在焉的例子：

- 刚刚读过的东西转眼就忘了。（你不会此时正处于这种状态吧？！）
- 一边看电视一边玩手机，漫无目的地刷新闻、脸书、推特或是 Instagram（照片墙）。
- 吃东西时狼吞虎咽，根本不去用心体会食物的味道和口感。

- 跟别人谈话时，即使对方讲的事情很重要，也很难集中注意力仔细聆听。
- 没办法正视并接纳负面的想法和感受。

如果我们让大脑长期处于自动运行状态，生活质量就会大打折扣。也就是说，如果我们想活得更精致、更认真，就要更多地关闭自动运行模式，以确保自己的大脑能由自己做主。

全情投入、感受当下

不管是对未来的担忧还是对过往的反刍，其实都是大脑在做时间旅行。这一特征加上我们动不动就会陷入自动运行和心不在焉的状态，造成的结果就是我们很难做到活在当下。但这真的太可惜了，因为只有活在当下，才能见证奇迹的发生。要想改变眼下的日子，此刻的作为才是决定问题的关键，纠结过去、忧虑未来都毫无意义。不管遇到什么事，积极的还是消极的，只有真正关注此时此刻，用心体会内心、身体以及外界的变化,才能让我们领悟活在当下、行在今日的可贵。

正念思维

我猜你肯定在想我到底什么时候会提到"正念"的概念,毕竟这个概念似乎已经渗透到我们生活的方方面面,这也并非坏事——很多实证数据都已证实,正念对减压确有很大作用。问题出在大家对正念有很多错误的认识,咱们不妨一起学习一下究竟什么是正念。

什么是正念

据称,最初把正念思维引入西方的是乔·卡巴金（Jon Kabat-Zinn）,他给出的定义是"正念即通过刻意提高对当下的非评判性关注而获得的意识"。

我们前面已经说过,人类的大脑总是喜欢走神,不喜欢关注当下,并且凡事都想评价一二,所以要想具备正念思维并不容易。不过,好消息是只要好好练习,正念确实可以带来巨大的减压效果,这一点大家应该也能想得到。

对正念练习的误解

很多人当下所做的正念练习与正念的本质完全是风马牛不相及。正念练习不是为了放松、消遣,也不是为了获得正面思维或控制自身的想法。放松并不是正念练习的目的,但或许可以成为一种意外的收获。正念思维的目的很简单,就是用心包容地体会内在和外在的世界,不带任何评判的心态,这样才能生活得更加幸福。如果你觉得这与我们前面几章提到的切断想法、接纳情绪和提高认识颇有几分相像,你的感觉非常正确,要对你提出表扬,正念思维确实潜移默化地贯穿在上述每一个步骤和环节中。

巧借本书,练习正念

既然你正拿着这本书看,不妨拿它来做个正念练习,毕竟这书是花钱买的,不好好利用太可惜了。

- 体会这本书拿在手中的重量。
- 感受你继续往下读的冲动,体会自己已被它强烈吸引。当然，你也可能感受到的是将它扔进垃圾桶的冲动。

- 用心看着这本书，观察它的颜色、质地，如果身边没人，你甚至可以闻闻它的味道。不过，要是你恰好在公共场合，要不要闻，你还是自己做主吧。谁知道当众闻书算不算正常行为呢？
- 感受大脑对于这本书或眼下这个练习所抱持的态度，正视这些想法，由着它们起伏变化，不过最终还是要把注意力转回到这本书上。
- 坚持几分钟的时间——用心观察冒出来的各种想法，即使走神也没关系，只要最终能把注意力转回来就没问题。

正念练习方法

既然如此，我们该如何与难以捉摸的当下保持有效互动呢？办法就是培养一些正念思维的相关技能，具体可以从以下几点做起。

呼吸正念练习

呼吸正念是最简单的一种正念练习。

- 坐在椅子上,脚掌着地,后背挺直,可以闭上眼睛也可以盯着某个地方。
- 把注意力放在自己的呼吸上。
- 用心体会呼吸的感觉,感受气息通过鼻孔进入肺部,感受呼出气体时胸部和肩膀的起伏。
- 这个过程中你可能会走神,一旦发现走神,请把注意力重新放回到自己的呼吸上。

我建议大家每天都做几分钟呼吸正念练习,它作为正念的初始训练,可以说既简单又实用。记住,正念的目的不是逃避、消遣或放松,你要做的很简单,就是用心体会。用不了多久,你就能更好地控制爱走神的大脑,让它把专注力放在当下,从而全面提高自身的专注能力。

"抛锚泊船"练习

当我们遇到巨大的情绪冲击时,这个练习特别有用,可以帮助我们稳定心态,在认真思考的前提下付诸行动,而不是单纯屈从于大脑的自动运行模式。

- 两脚着地。
- 坐在椅子上,身体前倾,后背挺直。
- 手指并拢,活动肘部和肩部。仔细感受手臂的动作,包括从手指到肩胛骨的所有感受。
- 体会内心的痛苦和纠结。感受疼痛以外的身体——你依然可以活动并控制自己的身体。体会全身的感觉——包括手、脚、后背。
- 现在,请你环顾四周,留心观察眼前的五个物体。
- 然后再留心体会你耳边听到的三四种声音。
- 重新把注意力放在内心的痛苦和纠结上。
- 再次体会你的身体,你依然坐在椅子上,依然可以对自己的身体加以控制。
- 体会自己可以与痛苦感受共存的状态。

如果你正经历巨大的情绪冲击，可以尝试连续做几次这个练习，直到感觉注意力回到了当下、可以放下痛苦的情绪。记住，该练习的目的不是要把某种情绪赶走，哪怕是令人不快的情绪我们也不要期待这样做；与之相反，我们要做的是与当下的感受共处，然后继续去做别的事情。比如，如果你发现自己总是想要将痛苦、负面的想法和感受赶尽杀绝，那你要做的就是用这个练习学会正视并接纳那些想法和感受。

音乐正念练习

音乐正念练习的效果非常好，可以训练我们灵活转变注意力的能力。

- 播放一段你喜欢的音乐，一定是那种多种乐器演奏的旋律。
- 设定一个一分钟的计时。
- 最开始请你留意所有乐器的演奏，然后再把注意力放在某一种乐器的演奏上。
- 一分钟过后，转移你的注意力，关注另外一种乐器的演奏。
- 到最后,再把注意力转回到所有乐器的演奏上。
- 如此重复两至三次。

"54321"练习

以我个人的经验判断,这个练习特别有助于提升我们的专注力。比方说吧,我每次想写一本书,却总是会因为胡思乱想而进展缓慢,甚至不得不跟出版社和经纪人编造各种借口。这个练习可以让我更好地关注当下,从而尽快进入工作的状态,不至于纠结过往,无休无止地反刍。具体做法如下:

- 坐下来踏踏实实地做需要完成的工作/学习。
- 难免瞻前顾后,思想溜号。
- 偶尔为之,无伤大雅;久而久之,于人无益:因为大脑最后总是会胡思乱想那些令人不开心的事——失败/贫困/拒绝/死亡,诸如此类。
- 观察自己走神的状态,认识到走神对你完成任务毫无帮助。

- 采取主动，专注当下。
- 调整呼吸。
- 环顾周围。
- 说出你看到的 5 样东西。
- 说出你听到的 4 种声音。
- 说出你能触摸到的 3 件物体。
- 说出你闻到的 2 种气味。
- 说出你体会到的 1 种味道。
- 重新打起精神，继续做需要完成的工作/学习。

当然，有时候你发现自己很难集中注意力，那就多做几遍这个练习，慢慢就会感觉自己快速集中注意力的能力变强了。

聆听正念练习

如果你想拉近与他人的关系，请你花点时间完成这个聆听正念练习。如果你有过被人认真聆听的经验，就会知道聆听的力量有多么强大。与人沟通时，你要真正做到关注当下，认真听对方说的每句话，并与之有效互动。也就是说，听别人说话时，你不仅要放下手机，还要真正地听进去。我不是要大家全程一个字都不能遗漏，正常对话也总是有很多半开玩笑无关紧要的成分。我只想说，认真聆听、专注当下真的很有用，以下是一些操作技巧：

- 真正用心地交流。不要以为自己可以预先知道对方的想法，更不要试图先发制人。
- 你可以关注自己的想法，但要始终做到全情投入。我知道，你本人或许想要仔细聆听，但大脑却不听指挥，总是冒出各种各样的想法、意见和判断。不要动不动就说"这让我想起我那时候……"或"我懂你的感受，因为我……"，每每这样说时，说明你的注意力已经不在对方身上了。你可以意识到自身冒出来的一些想法，但不要把它们当回事。你可以把它们想象成不太喜欢的背景音乐，它们放它们的，你该做什么继续做什么就好。
- 总结前面的对话内容。没错，这听起来有点奇怪，但这么做确实可以帮助对方感受到倾听的

- 力量。把你听到的内容总结一下，用自己的话重复一遍，或者你也可以这样说："嗯，我感觉你的意思是……"
- 不懂就问。跟对方谈话时，你要带着正念的想法，不要妄加判断或擅自假设。帮人做诊疗时，我经常说的一句话就是："我跟你确认一下，我理解得没错吧？"
- 可以提出问题，但不要轻易打断对方。在心理治疗时，我总是问对方："我可以问你一个问题吗？"提问的目的是要确认对方的感受、想法、身体反应等，不过已经知道的事实我就不会反复确认了，毕竟我不是来收集证词的，我要做的是深入了解对方的体验和感受。

如果你觉得整个过程都有点奇怪，这也很正常，事实确实如此。记住，你不用无时无刻都专注到这种程度——否则你的朋友会被你吓到，对你新近掌握的聆听技能丝毫不敢恭维。但是，如果你在乎的人真的感到无比痛苦，非常需要你认真倾听，那你不妨试试上面我教你的法子。

重点回顾

正念练习可以帮助我们减少压力、提高注意力、加强心理灵活性，好处这么多，谁会不想要呢？你不要觉得正念练习只是一个可以时不时做一下的练习，应该把它看成一种态度的养成——就像阴天为了耍酷也要继续戴墨镜一样。记住，正念练习可以帮助我们保持全情投入的状态，只有这样我们才能活得更加充实、更有方向。另外，正念练习的目的也不是为了消除你内心厌恶的东西。列夫·托尔斯泰（Leo Tolstoy）曾经说过，"如果我一生只能给人一个建议，我会非常直白地告诉对方：为了上帝，请你暂时放下手里的工作，仔细看看周遭的世界"。我当然认为他说得很有道理，不过还是没有翘课天才弗瑞斯·布埃勒（Ferris Bueller）的话精辟："人的一生稍纵即逝，如果你不懂得停下脚步看看周围的世界，就会错过很多美好的风景。"

第六章

活得更加幸福

"人类哪怕失去一切,至少有一样东西永远不会被剥夺,即人类的终极自由——无论身处何种境遇,我们都可以按照自己的想法选择正确的应对方式。"

——心理学家兼奥斯维辛集中营幸存者维克多·弗兰克尔(Viktor Frankl)

你为何会选择这本书

这一章,我们将探讨一个关键问题——那就是你为什么会选择这本书?我猜你是想要知道怎样才能活得更好,怎样才能有效缓解生活中无处不在的压力,对吗?又或者,你希望拥有如夏花般的灿烂生活,而不只是做一天和尚撞一天钟;你想为很多难以捉摸的"为什么"找到答案。很多人活着的状态就像是启动了自动运行模式:终日低着头、竖着衣领、默默无闻地耕耘,时不时抬起头，也只是为了看看身边人的进展，如果发现对方做得不如自己，便可以从中获得一丝内心的优越感。要知道，这样获得的愉悦往往都很短暂，于是我们只好一次又一次地重复。可是，从长远来看，这样的活法只会让我们的人生缺乏方向和意义。要想活得更富足、更充实、更有活力、更忠于本心，我们需要思考一个或许从未想过、从未听过或不幸将其遗忘的概念——价值取向。

价值取向

价值取向是我们获得幸福的秘密武器，无论顺境还是逆境，它都可以激励、鼓舞、引领我们按照正确的方向前行。简言之，价值取向是指你所选择的人生方向，是你人生路上的指明灯。你也可以把它想象成身体内的指南针，它将始终如一地为你标注出东南西北的方向。价值取向决定了你待人接物的方式，是你思想的真实反应；价值取向能让你知道自己真正在乎的东西。你上一次认真思考自己认为重要的东西是什么时候？上一次停下来问自己"这辈子的人生态度"又是什么时候？或许你不经常问自己这两类问题，其实不仅是你，每个人都很少问自己或他人这个问题。然而，要知道，这个问题实则非常重要，对我们会产生巨大的影响。

有人曾经做过一些探讨价值取向的研究，研究结果发现：哪怕只是对价值取向稍加关注，也能有效帮助到少数族裔的学生。曾经影响他们的很多负面文化推定，比如他们的学习成绩无法超越富家子弟这一说法——有了对价值取向的关注后，便会失去原本的威力。

实验干预的过程非常简单：研究人员请非洲裔和拉丁裔学生说出他们生活中最看重的事，并给他们10~15分钟的时间将答案写下来。大家的答案不尽相同，涵盖了方方面面，包括家庭、友谊、音乐、政治、创意、舞蹈、宗教等。整个实验过程大概就是如此，没有什么花哨的东西，只需要一支笔、一张纸即可完成。实验虽然简单，但研究人员从中获得了怎样的发现呢？实验过后，这些学生的后续成绩有了明显的进步，与白人同学的差距明显缩小。这样看来，我们真该在星期一上午的生物课前花几分钟好好思考一下自己在乎的东西，这样做不仅不会浪费时间，反而意义重大。

研究还发现，无论做什么事，只要我们知道"为什么"要做，效果就会截然不同。史密斯（Smith）等人2018年做了一项研究，要求测试者完成一项御寒测试。具体就是让测试者将手放入冰水中坚持一段时间——最长不能超过5分钟。第一轮实验结束后，参与者被分成两组，第一组测试者被要求利用30分钟时间思考与御寒测试相关的价值取向，第二组测试者则被带去观看世界奇迹的幻灯片播放。之后，两组测试者被要求再次完成御寒测试，结果发现，虽然两组测试者都认为这一测试非常痛苦，但第一组测试者忍受剧烈疼痛和痛苦的能力明显有所提高。换句话说，思考价值取向虽然无法降低对疼痛和痛苦程度的客观判断，但可以改变测试者的应对能力。之所以会出现上述差异，就是因为第一组测试者懂得自己"为什么"要忍受疼痛（了解自己的价值取向）。不过，在此我得把话说清楚，我不是要让大家都找个结了冰的水坑把手伸进去，然后仰望苍穹，等待自己醍醐灌顶的瞬间。毕竟，除非你是在海岸警卫队工作，或是特别喜欢洗冷水澡，否则这个御寒练习本身对你没有什么实质性的作用。我想告诉大家的是，如果我们能知道"为什么"做某事，那么对于原来很多无法接受的事物或许就能够想通了。为了遵从自己的价值取向，你愿意接受什么——焦虑、恐惧、拒绝的风险？如果你找到了自己的价值取向，那就意味着找到了"为什么"的答案，也就是说，即使出现负面感受，你也可以正视它的存在，只要你在追求充实幸福的人生，一切付出都会变得物有所值。

何为价值取向

回答这一问题前，不如我们先来看看价值取向的特点，以便对其做出正确的判断。因为只有这样，人生接下来的旅途才能更加顺遂。

价值取向属于自由选择

价值取向关乎你本人所在意的东西，而不是你以为他人希望你该在意的东西。女性常常会优先考虑别人的价值取向，这样做的同时往往就会牺牲掉自己真正在乎的东西。有时候,引领我们继续前行的并非是自身的价值取向,而是他人对我们的期许,如此一来,导致的结果只有两个:一是我们感觉自己违背了本心,二是我们觉得人生缺乏目标和方向。比如,你从小到大都被教育要做个勤劳善良的人,但或许你就想随性率真地生活。只可惜,因为不想让别人失望,你从未大胆表达过自己的真实想法。我有一个办法可以帮助你找到自己真正的价值取向,方法很简单,你只要问问自己私下最在乎什么即可。如果别人根本不会知道,而你也不需要告知他人,那你真正最看重的是什么呢?

价值取向具有强化效果

你的价值取向无须在乎他人的反应。或许你想做一个善良的人,但未能得到他人同等的对待,这时候你该怎么办?如果你对别人善良只是为了让别人也对你好,那善良其实并非你珍视的品德。按照自己的价值取向行事并不能保证获得最好的结果,想想这件事确实有点让人难过。但是,价值取向有其自身的奖励机制,能做到自我强化。我们无论怎样努力都无法控制他人的反应,但对于自己的言行，我们具有绝对的掌控权。

读到这儿，你或许会有点不安，我能理解，不过请你继续听我把话讲完——我不是说，即使生活中出现了残忍刻薄的人，你也要义无反顾地善待对方，我完全不是这个意思。如果真有这样的人出现，你要做的就是仔细斟酌这个人的所作所为是否符合你的价值取向，甚至还需要重新考虑是否还要继续与其交往，我觉得恐怕是没有这个必要了。我想说的是，价值取向完全属于你的个人选择，是出于你个人好恶的选择，不是为了从他人那里获得好处。你之所以在咖啡店对某位女士释放善意，是因为善良是你的价值取向，而不是因为你希望她能帮你买一杯不含咖啡因、半脱脂、香草、榛果、抹茶风味的卡布奇诺咖啡。

价值取向要落实到外在的一言一行

价值取向是指导行动的方向，不是努力争取的结果。比如，你选择跟某人结婚或是住在一起，这是你追求的目标，一旦实现，似乎就已大功告成，可以从自己的目标清单中将其划掉。然后呢？你接下来会怎样做？

在这段亲密关系中你要如何行事？如果你在乎对方，想要呵护对方，难道这一切会因为结婚这一目标的达成而停止吗？呵护爱人不是你争取的结果——而是与爱人相处时你要表现出来的品德，是哪怕有时心有不甘也要遵从的价值取向。事实上，不仅是亲密关系，所有人际关系都是如此，不管对方是你的配偶、父母、孩子、同事，哪怕只是宠物，交往时你都要遵从自身的价值取向。

价值取向影响深远、威力巨大

我们都说价值取向可以带给人巨大的力量，对此，最让人动容的讲述恐怕要数维克多·弗兰克尔关于奥斯维辛集中营的生活自传了。弗兰克尔是一位犹太心理学家，"二战"期间一直被关押在奥斯维辛集中营，他不仅坚强地挺过了那段岁月，还将其亲眼所见、亲身经历的可怕遭遇撰写成了回忆录。在我看来，那本书最宝贵的地方就在于他阐述了人类在极端环境中依然能坚韧生存的根本。他写道，能活下来的并不是那些最强壮的人，而是那些懂得"为什么"的人——他们有活下去的理由，即使面对最黑暗、最可怕的境遇，他们也能坚持本心做出选择：

> 即使被关押在集中营里，我们还是能看到有人愿意释放善意，愿意安慰他人，愿意把仅剩的一片面包与人分享。这些人的数量或许不多，但却足以证明人类哪怕失去一切，至少有一样东西永远不会被剥夺，即人类的终极自由——无论身处何种境遇，我们都可以按照自己的想法选择正确的应对方式。

这就是价值取向的极致体现。无论身处何种境遇，哪怕再糟糕也无所谓，我们都要按照自己内心的价值取向行事。做到这一点当然不容易，但价值取向本来就不是什么容易的选择，它代表的是你认同的人生态度。

许多年前，当我还是一名心理学的学生时，我参加过一个团队项目，项目治疗的是患有创伤后应激障碍的难民，其实我现在做的也是类似的工作。我记得当时有一位女性患者，她经历了常人无法想象的残忍和暴力，当我听到她的描述时，简直不敢相信自己的耳朵——我现在也经常能听到其他人类似的经历，真是可悲至极——我当时的上级让我在接下来的一周陪她去见一位精神科专家，届时专家会对她的症状做更为深入的诊断。我记得当时马上就要过圣诞了，那一次见面我十分准时，接上她后陪她一起去见了医生。分开时，她从口袋里拿出一小包东西递给我，竟然是送给我的圣诞礼物，用一张纸包着。我打开包装纸——里面是一个黑色的发夹，上面装饰着一些亮片。她不太会说英语，我们之前也不过一面之缘，她选择遵从本心的善良，即使遭遇了那么多不幸，即使自己已经心力交瘁，即使自己身处绝望，她还是不忘初心，依然坚守内心的价值取向，为我准备一份圣诞礼物。那个发夹我一直保留着，希望用它来提醒自己，不管遭遇什么境遇，我都可以按照自己的意愿选择正确的应对方式。如果那些遭遇可怕不幸的人都能不忘初心，那我们每个人也都应该做得到。

我知道，有人可能会觉得她之所以送我礼物是对我有所图，或许吧，但我并不这么认为。我不知道她的真实想法，你也不知道，不过我知道自己内心更愿意相信什么，知道怎样的想法能让我感受到生命的力量，从而让我获得更大的满足。我发现，越是那些愿意把他人往坏处想的人，越不会对世界做什么有益的贡献。我相信人性，没错，这世界上的确有很多不幸，但是也不乏人类的善举和勇气。

价值取向绝非遥不可及

价值取向最大的魅力就在于它并非遥不可及。你不必等到有了钱、练出了苗条的身材、买了大房子、找到了更好的工作、修好了眉毛、矫正了牙齿、变得更加乖巧了，再去践行自己内心的价值取向。遵从价值取向不需要任何前提条件，也没有任何障碍可言。比如，如果你看重求知欲和冒险精神，那你就可以计划一次独自征服亚马孙河的旅行，当然，等一下去吃午饭的路上主动与陌生人攀谈也是一个不错的选择。你要问我二者之间有没有区别？与陌生人攀谈能不能跟用瑞士军刀上的牙签手工打造出一条独木舟并乘坐它顺流而下相提并论？我的答案是"当然不能"。但是，走出自己的舒适圈、主动跟陌生人交谈也是对求知欲和冒险精神的一种探索——说明你已经将其纳入自身的价值体系。如果你实在想冒险，午餐时不妨选一款新的三明治，从来没吃过的那种。大胆点！加冕鸡三明治再好吃，也不至于让你吃一辈子吧。

对价值取向的错误认识

价值取向不是设定的目标

我们生活在一个目标导向的社会，活着的目的似乎就是要实现一个又一个目标，并由此获得更多的成就感以及多巴胺带给我们的快乐。我们似乎一生下来就是为了追求回报，这当然无可厚非，毕竟有了目标才能驱动我们不断前进。但是，如果只有目标，没有价值取向，我们很容易迷失前进的方向。价值取向不同于目标，不是我们设定的目的地，所以不能在实现后便以为大功告成。价值取向更像是我们前进的方向：比如，你要去东边，那东边就是你的方向，这个过程中你会经过很多目标，包括城市、树林、桥梁、地标建筑等，但你永远不能说东边是你的目的地，也永远无法抵达东边这样一个目的地。正确的人生方向会一直引导、鼓舞、激励我们，让我们百折不挠、勇往直前。你或许渴望得到晋升的机会，或是想要找到一个合适的项目，又或许只是想在办公室的档案柜里多占一个抽屉，这些都是你的目标，实现后你会怎样呢？对于那些渴望已久的东西，如果终于得偿所愿，你会何去何从？你希望将哪些价值取向作为指导行为的标准？你希望用怎样的方式对待他人？

曾有研究人员对那些过于肥胖的减肥人士进行过观察，发现他们即使已经恢复了正常体重、实现了减肥目标，却依然有焦虑和抑郁的问题，且严重程度不降反升。长期以来，他们的目标就是恢复正常体重，实现后却变得茫然不知所措，很多做过整形手术的人也有类似的感受。然而，如果有了价值取向，情况就不同了。价值取向可以督促我们不断前进，不断用更高的标准要求自己。这样说吧，曾经肥胖的人，如果他们是为了自己的健康而减肥，那即使实现了减肥目标也会继续保持健康的行为习惯。但是，如果他们当初减肥是为了取悦别人，是为了改变别人对自己的态度，那他们取得成功或继续坚持的可能性则会大幅降低。总之，你的初衷非常重要——如果你想多去健身房锻炼，当然是好事，但初衷最好是为了自己的健康，而不是为了两周后穿上新买的紧身牛仔裤。当然，经过两个星期的锻炼，你或许能够实现目标，但之后还能不能坚持，答案可就不一定了。

价值取向与幸福感无关

我接下来要说的话可能很多人都不爱听，但我还是要说：价值取向与幸福感无关，由价值取向指导的人生或许会带给我们一些快乐时光，但并非总能如此；有时，按照自己的价值取向行事也会带给我们很多情感上的痛苦。我之前就说过，我的工作是为那些患有创伤后应激障碍的难民提供心理治疗，也就是说，我每天大部分时间都在听取折磨、暴力及其他各种人性最恶的行为。不用想也知道，这个过程不可能让我感到开心，我又不是在迪士尼乐园度假，但是，如果你问我这一工作是否符合我的价值取向，是否能带给我鼓舞和激励？答案自然是肯定的。有时候，你也会感到疲倦，也想一整天躺在床上吃巧克力棒，但你会发现，违背价值取向的选择反而会比践行价值取向更令人痛苦。

愿意的话，你可以跟我一起做下面的练习。拿出一张纸，把对你来说最重要的东西写在纸上——可以是人、宠物、工作或其他任何你喜欢的东西。写好后请把纸翻到背面，在背面写上那些最令你恐惧的事。大多数人的答案都是害怕失去某人或失去做某事的机会，我想你的答案也大致如此。如果你问孩子的家长最害怕什么，答案一定是担心孩子出事。大部分人害怕的都是失去在乎的人或东西，但你只要跟人走得近，就会有失去对方的风险，无论那人是你的父母、孩子、伴侣、朋友还是兄弟姐妹。只要你爱上做某事，也一定会存在丧失相关能力的风险。我们似乎陷入了一个两难境地：为了避免给自己造成情感上的痛苦，你愿意放弃所在乎的一切吗？包括悉心抚养小孩、大胆地去滑水、关爱照顾同事或给朋友带去欢乐？我想肯定不愿意。老实讲，我们不可能做到两全其美，不可能只拥有在乎的人和物却不必面对失去的风险，二者仿佛刺猬一般的存在，如果你喜欢揉搓它柔软的小肚皮，就要接受它背上坚硬的刺。

我们每个人都会经历失去所爱之人或所爱之物的痛苦，对此我也无计可施，除非你愿意变成一个没有感情的机器人，否则这样的痛苦无法避免。不过，我们也不是没得可选，面对情感上的痛苦，价值取向可以给我们最好的安慰。朋友检查出癌症，你打算如何安慰她？父母风烛残年，你打算如何陪伴他们走完人生最后的旅程？自己失去工作或无法再做喜欢的事，你又打算如何自处？上面提到的这些都不是什么"高兴"或"开心"的事，但只要我们能正视自己的情感和情绪，只要我们能遵从积极的价值取向，就会觉得人生没有白活。

价值取向并非规矩

不要用"必须""一定"等措辞绑架价值取向，价值取向没有对错之分。面对价值取向，我们要放松心态，它就像一只友好的金毛猎犬，总能温柔地把我们带到正确的方向。价值取向绝不是自我鞭笞的藤条，即使你有时无法遵从内心，也不必过分纠结。另外，我们秉持的价值取向可能不止一种，它们彼此还可能相互矛盾，因此需要我们做出价值排序。或许，你想成为一个有求必应的好朋友，但有时为了工作，可能没办法与朋友聚会，因为勤勤恳恳做事也是你的价值取向。也就是说，价值取向如果存在冲突，你必须做出暂时的取舍，当然，这一次被你排在后面的价值取向并不一定会永久地失去地位，你可以这样想：不同的价值取向就好比地球仪上不同的国家，你要是想在地球仪上找到墨西哥，就不可能同时看到刚果共和国。然而，你内心十分清楚，刚果共和国这个国家并没有在地球仪上消失，只是因为我们为了观察中美洲把地球仪转到了相反的一侧。价值取向也是如此，比如，你希望用火柴棍搭建一座帕特农神庙以展示你的创造力，但此时你更想做一个慈爱的父母好好陪伴小孩。虽然后者是你当下的选择，却并不意味着你的创造力会就此消失，它依然存在，只不过不是你当下关注的重点。

正确应对大脑的报复行为

我为什么一直让大家切断想法、接纳情绪、强化正念呢？这当然不是随便说说而已。每当我们需要处理关

我自愈了

乎自身价值取向的大事时,大脑就会忍不住发表意见,同时还会带给我们难过、愧疚、遗憾、恐惧等一系列感受,结果就是你刚刚有点起色,就又会被带入歧途。

你看过电影《龙威小子》(*The Karate Kid*)吗?如果看过,你一定明白我想说的是什么。如果没看过,那也没关系,我可以给你讲讲故事梗概。(不过话说回来,这部电影你都没看过?你整天都在忙什么啊?)长话短说,《龙威小子》讲述的是一个孤独的孩子丹尼的故事。丹尼找到智者宫城先生,想要跟他学习空手道以保护自己不再遭受校园霸凌,宫城先生答应了他的请求,却只安排他做一些杂事:给栅栏刷漆、打蜡等,这让丹尼很是沮丧,他觉得师父只是把自己当成了免费的劳动力。有一天,他终于忍无可忍,决定找师父当面理论——告诉他自己要学习空手道,而不是动手做家事。宫城先生是一位真正的智者(因为他的话很少,听别人说话时还总是贤明地点头称是),他告诉丹尼其实他一直在学习空手道。他让丹尼展示"打蜡"的动作,丹尼认真做了一遍——果真是空手道的动作。谁能想到呢?"打蜡!打蜡!"——丹尼又模仿了几下给栅栏打蜡的动作,原来这也是空手道的招式！他真的一直在学习空手道，只是自己不知道罢了！我们可以用这个故事做个类比，丹尼就是你，我就是宫城先生，当然我没有他那么睿智，再说我这个人话还特别多。切断想法、拓展空间、加强正念、提高认识，这些都是我教给你的招式，是你晋升到忍者级别所需要的技能。现在你可以下场自己比试比试了，我的读者朋友，咱们这次要操练的是找到你的价值取向。

找到自己的价值取向

现在，你已经知道了价值取向的特点和本质，也掌握了应对大脑所设置的障碍的方法，所以是时候挖掘出你真正在乎的东西了。我接下来会列举出几个非常有用的练习，你可以反复尝试，最终一定能找到人生的方向和意义。

选择价值取向

我在下面列出了一些常见的价值取向，当然不可能穷尽所有，所以你尽可以加上你所在乎的东西。浏览表6.1，在你认为重要的选项旁边打钩，从中挑出五个你最看重的选项。接下来，请你思考自己在生活中是否践行了那五个价值取向，如果它们是你的指南针，依照其标准，怎样的行为属于合理的范围。表格中或许有些价值取向是你之前没想到的，你可以尝试一下，像试穿一件新外套一样，看看那些价值取向对你来说是否合适。如果某种价值取向对你完全不合适，如同一件松松垮垮的不对称衬衣/一双毛茸茸的拖鞋/一款根本不适合你风格的背包，那你尽可以随时退货。

表6.1 参见的价值取向

接纳	冒险	友爱
魄力	美丽	归属
关爱	同情	顺从
沟通	认真	勇气
创意	求知	奉献

（续表）

自律	平等	激情
体验	公平	信念
适应	自由	友好
快乐	慷慨	感恩
健康	诚实	幽默
独立	正直	正义
善良	博学	领导力
学识	爱心	忠诚
开明	条理	耐心
平和	趣味	力量
可靠	尊重	智慧
安全感	意识	快感
社交	率真	灵性
包容	信任	

你对自己的价值取向已经有了一定的思考，现在可以根据表 6.2 明确梳理一下，想想生活的哪些方面可以

让你展示上述价值取向。有些方面可能对你来说不太重要，而有些或许被我遗漏了，你可以自己加上去。

表 6.2 价值取向在生活不同方面的体现

生活的不同方面	我想要践行的价值取向
家庭	
亲密关系	
孩子	
朋友 / 社交生活	
工作 / 事业	
教育 / 学识	
休闲 / 消遣	
心灵	
公民义务 / 社会生活	
健康（身体和心理）	
艺术 / 创意	

注：该表格参考了凯莉·威尔森（Kelly Wilson）《价值人生问卷调查》（2002）中"生活的不同方面"的相关内容。

第六章 | 活得更加幸福

假设自己处于不同年纪

这个练习可以帮助我们找到人生的价值,现在我们就一起来做一下。闭上眼睛,想象你身处未来某个你自己重要生日场合。宴会上,你回首此时的人生,会发出怎样的感慨:

- 我花了太多时间担心……
- 我应该多花点时间在……
- 如果我能回到过去,我一定要……
- 我要花更多时间……
- 我要告诉自己……

出席自己的葬礼

布朗妮·韦尔(Bronnie Ware)是一位临终关怀护士,她根据自身的工作经验整理了最常见的五件临终憾事,即人们在生命走到尽头时最常说的几句话:

- 我真希望当初能按照自己的想法生活,而不是一味地取悦他人。
- 我真希望自己没有花那么多时间在工作上。
- 我真希望自己有勇气表达真实的情感。
- 我真希望没跟朋友断了联系。
- 我真希望自己能过得开心点儿。

这些都是人们的临终遗憾,那些人马上要离开人世才意识到这些真的为时已晚,但是你还有时间做出改变。不管你多大年纪,是 18 还是 80 岁,都应该学会把精力放在真正在乎的人和事上。

通过这个练习,你能弄清楚自己真实的想法,你会发现出席自己的葬礼并没有想象中那么恐怖。在我看来,要想明确自己人生的追求,这绝对是最行之有效的一个练习。请你用一段独处的时间完成这一练习,可能你会想到很多事情,甚至会激动或感动,等完成后,我相信你一定会对自己未来人生的方向有更加清楚的认识。

想象自己已经离开人世,这辈子你过得很好,内心的价值取向一直在指引、激励、鼓舞着你。现在,你有机会出席自己的葬礼，看到三个人起身为你致悼词——他们来自你生活的不同方面，分别是家人、同事和朋友——你可以把致悼词的人想象成生命中的任何人（但最好来自人生不同方面）。甚至对那些你还没有经历过的关系，你也可以加以想象——比如，即使你现在还没有小孩或爱人，也可以想象一下自己希望他们对你做出何种评价。

充分发挥想象力，你希望听到他们对你怎样的评价呢？你甚至可以想象他们说话时的声音和表情，听到他们讲述你一辈子追求的价值及在该价值引导下的所作所为时，你会有怎样一种感受？你不必过分谨慎，可以大胆想象，思考你在乎的人会对你做出什么评价。

上面的部分你都完成了吗？好，现在请你问问自己希望谁在你的葬礼上发言？他们会怎样评价你？他们的话能够反映出你的价值取向吗？你理想的评价与你现在的生活及生活方式有没有落差？通过这样一个练习，你可以更好地了解自己想要成为怎样的人，以及达成所愿你可能需要面对的障碍。

你感觉如何？是不是很有冲击力？或许还有一点痛

苦，特别是如果你觉得自己与理想的状态还存在很大差距时，内心肯定会有难过的感受。不过这并不是坏事，正是这样的痛苦才能告诉你内心真正在乎的是什么，所以不要逃避，它是你的灯塔，可以为你开启更加充实、更富有活力的人生。

给自己写封信

比起从表格中勾出选项，把自己的价值取向写出来更能影响我们的行为举止。书写的过程能让我们体会更具体、更深入的想法，不妨现在就花上10分钟（你可以设置一个闹钟）把你在乎的价值取向写下来，哪怕就是那些你在前面练习中勾出的选项也没关系。下面这些问题或许可以给你提供一些思路：

- 我希望在生活的哪个方面体现这一价值取向？
- 我一生中可曾有过某个阶段格外在乎这一价值取向？
- 我之前是否背离过这一价值取向？当时我的所作所为如何？有没有因此而付出代价？

- 我以往为人处世的方式是否符合这一价值取向?当时内心是怎样一种感受?
- 我之前有没有践行过这一价值取向,即使困难重重我也没有放弃?
- 我如果想继续追求这一价值取向,究竟应该如何为人处世?

秘密价值取向

所谓秘密价值取向,其首要原则就是不与他人探讨,秘密是其核心要义。你要签署一份《价值取向保密协议》,无论经历怎样的严刑拷打,都不能开口道出实情。你可以选择一种价值取向,想办法悄悄践行,不要让任何人发现。悄悄送朋友一份礼物、匿名向慈善机构捐款、不图任何回报向陌生人释放善意,这些都是悄悄践行价值取向的方法,你之所以这么做是为了获得自我的满足,而不是觊觎外界的赞赏或肯定,这是这一练习的重点所在。通过这个练习,我们可以搞清楚自己真正关心的事情,从而不再被他人的想法所左右。对的,你的秘密价值取向千万不要告诉任何人。

麻烦清理器

你可以想象：我有一台吸尘器，可以帮你吸走挡在面前的所有障碍。我拎着这个刚刚发明出来的家伙来到你面前，打开机器开始心理吸尘工作（仔细想想，这么说着实有点诡异）。你不必再在乎别人的想法，所有痛苦的想法、记忆、感受、身体反应都没办法影响到你，你像一只禅定的鸭子，可以不为所动地优雅划过水面；钱财也不再是你的困扰——你可以参加奢华的游猎度假、购置全皮内饰的豪车、在超市无所顾忌地购物，完全不必担心银行账户的余额。在这种情况下，你将如何度过剩下的每一天呢？你可以想象我一直拿着设备对你进行跟踪拍摄，甚至让你不堪其扰，你的前路已经毫无障碍，而我又将记录下你怎样的生活？

回忆美好时光

我们再来做本章最后一个练习：回忆一段令你感觉充实、富有生命力的过往时光，尽量做到事无巨细，不仅要回顾当时的所见所闻，还要用心体会你当时的嗅觉、触觉、味觉等感受。当时你在做什么？跟谁在一起？身处何地？你是不是非常投入？你能回忆起当时的身体感受吗，而不仅仅是心理感受？

你问问自己，那个时刻对你来说有什么特殊意义？那个时刻承载了你内心追求的哪些价值取向？通过对那个时刻的揣度，你能知道自己真正在乎的东西是什么吗？

重点回顾

人人都希望自己的一生能过得充实，能好好呵护自己在乎的一切。如果我们能够遵从真实的想法，就能从中获得强烈的充实感。现在请你抬起头，不要只顾埋头工作，好好思考人生抛给我们的一些重大问题：你想成为什么样的人？你想去往何方？怎样才能抵达终点？要想回答这些问题，你可以向自己确定的价值取向求助。当然，它们不会直接告诉你人生的意义所在，但可以帮助你在人生旅程中找到真正宝贵的价值。

第七章

采取实际行动

"改变人生,从今天做起。不要拿未来做赌注,现在就要付诸行动,一刻也不容耽误。"

——作家西蒙娜·德·波伏娃(Simone de Beauvoir)

我们前面说了很多方法，但是如果不付诸行动，再多方法也只能算作心理上的训练。也就是说，前面几章内容或许会让你做很多深入的思考，但如果在行动上你继续走老路，人生轨迹就不可能发生实质性的改变。鉴于此种原因，我们本章就来说一说如何坚持不懈地采取行动，最终实现有意义的改变。

出师不利

我们每个人都会制订新年计划,可是研究发现,大部分人在1月19号以前就已经放弃了执行的想法。也就是说,我们只做了18天的新鲜尝试就选择了放弃。再算得细一点,你会发现,一年中,你只用了5%的时间做了新的尝试,而剩下95%的日子你都在为半途而废而懊恼,抑或是继续一厢情愿地盼着生活能自己发生改变。我最初看到这一数据时并没有感到惊讶,因为我知道,制定目标或计划的行为可以信手拈来,但是如果没有强大的心理灵活性,没有切断想法、接纳情绪、加强正念、践行价值取向以及付诸行动的能力,一切都是空谈。我想大致模式如下所示:

想要做出改变但心中毫无计划→感到缺乏动力→只会自我苛责→最终选择放弃→人生毫无改变

你的行动之所以会垮掉,是因为缺乏有效的指导和辅助。举个例子，本来你很想减肥，但总是坚持不了几天，具体可能是以下任何一种情况：

1. 你无法做到切断想法的引信，总是在想："太难了""我目前压力太大实在做不到"或是"既然已经破戒，再坚持也没什么意义，不如再来点奶油沙司和甜甜圈"。
2. 你不愿意体验接受挑战时所要面对的消极情绪。
3. 你不清楚自己的价值取向，不知道究竟为什么减肥。
4. 你不了解该如何养成并保持某种习惯，不懂得如何设定目标，因此放弃就成了必然的结果。

通过阅读前面的部分，你已经知道如何解决前三个问题，现在我们就来看看第四个问题。什么？你说什么？我没听清楚。哦，你是说前面你虽然听得很认真，但偶尔还是会走神？是啊，这年头，注意力已经成了人类最稀缺的资源，如果前面的内容你印象不深，我建议你翻回去复习一下，包括如何改变内心想法、如何调节情绪感受、如何提高自我认识、如何做到全情投入几个章节。等你复习好了，我们再一起学习如何采取实际行动，否则真的很难达到理想效果，到时候你又会感到失望沮丧。当然，如果你只是先想了解个大概，现在继续也没问题。

为何总是重蹈覆辙

首先，我想讲一下什么是行为分析，行为分析拥有改变人生的魔力，在此基础上，你会了解为什么自己即使想要改变也还总是会重蹈覆辙。如果你也曾像胡子拉碴的古希腊哲学家一样弓着背、托着腮，动辄陷入沉思一两个小时寻找各种问题的答案——"为什么？为什么？为什么我不能重新做人？为什么我不论怎样努力都改变不了生活的轨迹？咦？我什么时候长出了这么长的胡子？"——那你一定要好好试试这个办法。

人类的所有行为都有其目的性，只是有时你知道，有时却毫无意识。没错，我们很多时候的确不知道自己做某事的原因，也不清楚为何会一再坚持。为了搞清楚自身的行为模式，我们需要了解几个概念，即前因、行为和后果。

前因：所谓前因，是指一些诱因或刺激，它们是导致行为的直接因素，具体包括情境、想法、感受或身体反应。

行为：行为是指你的所作所为，可以是肉眼可见的行为，如饮酒、看电视、吃东西、看着墙发呆、拔下巴上的汗毛等，这些都属于可以被观察到的行为，哪怕你只是独自一人时才做这些事，它们也还是属于"外露行为"。而我们在此所说的行为除了上述外露行为外，还包括私隐或内心的行为，如反复琢磨、自言自语、忧虑担忧、做白日梦等，这些行为很难被外人察觉，所以被称为"内在行为"。

后果：后果是指行为带来的直接结果，也是我们继续坚持或加倍努力的原因。

我们不妨用现实生活中的例子来对此加以分析，你觉得如何？如表7.1所示，想象一下，你对自己的工作十分不满，虽然能赚钱养活自己，但每天去上班都让你感到无比痛苦。你花了很长时间寻找其他工作机会（比如开一家书店、做一个杂技演员、接受培训成为足疗师，等等），但是没有一样看起来靠谱。于是，为了对付内心的沮丧，你开始酗酒，待在家里看电视，不想跟人见面，生怕让人觉得自己是个废物。你觉得人生毫无意义，老天啊，你究竟该怎么办呢？我想告诉你千万不要惊慌，不论解决什么问题，我们都要做到循序渐进、按部就班（分析出前因、行为和后果），这次也不例外。

表7.1 行为分析示例

	前因	行为	后果
内容	情境、想法、感受、身体反应、冲动	你所采取的行动	行动带来的结果

（续表）

	前因	行为	后果
示例	情境：当天工作很不顺 想法：我恐怕一辈子都要窝在这儿了，我真的无法忍受 感受：焦虑 身体反应：心跳加速、肌肉紧绷、头晕恶心 冲动：渴望消除这样的感受	喝酒 没完没了地看电视 不愿见比你过得好的朋友	直接后果：放松！我不用再想工作的事了，可怕的想法和感受也都随之烟消云散；酒精麻痹了我的神经，可以让我短时间内忘记烦恼 长期结果：自身状况没有丝毫改变 无法按照内心真实的价值取向生活 时间又过去了一年，而你依然在老路上徘徊

是不是画个表格让你的思路稍微清晰了一些？最关键的是你要知道，你的行为一定会带来相应的后果，而后者又会反过来强化你之前的行为模式。上述例子中，喝酒的行为让你暂时消除了焦虑，获得了短暂的放松。好啊！问题不见了！哪儿有什么问题？！一切都搞定

了！哦，朋友啊，千万不要高兴得太早，请你顺着后果那一列继续往下看，看看长期结果是什么！如果说短期结果带给你的是放松和开心，那长期结果恐怕要让你扫兴和失望了。一旦大脑进入自动运行模式，我们首先想做的就是尽快改善情绪、消除负面想法和感受，或是摆脱不喜欢的情境。我们不会在意自身行为会产生怎样始料不及的长期结果：人生走向可能与自身的价值取向完全背离，最终的结果只有无尽的迷失和茫然。

如何避免一错再错

现在你应该明白了吧？你之所以一再走回老路，就是因为走回老路能帮你暂时消除痛苦——有些是你主动的选择，有些甚至是无意识的反应——既然能消除痛苦，说明这个方法有效，你十有八九会继续就范。除非你能有意识地做出改变，否则就会陷入一个死循环。那么，究竟该如何做出改变呢？首先，你要改变对待前因或诱因的方法，用我们学过的心理灵活性等手段切断想法、接纳情绪。表 7.2 将帮你了解具体的操作。如果你能做到切断想法、接纳情绪，就能在表7.1的基础上为自己构建出一个全新的空间，在里面记录下自身行为的选择，这相当于在大脑空间里拥有了一块非常宝贵的地产，不亚于在伦敦市中心坐拥一栋别墅，不仅有五间卧房，还有花园、泳池和停车场。那好，我们再来看看全新空间右侧的一列，即价值驱动行为——这类行为包括：一是符合你自身价值取向的行为，二是能够给你带来真实改变的行为。表7.2举的是换工作的例子，但其实任何符合你价值取向的事都可以产生类似的效果。只可惜，人们采取行动时常常忽略自身的价值取向，如果没有价值取向的内在驱动，要想坚持到最后真的很难，当然也不是说绝对不可能。你也会付诸行动，不过一定会指望外来的回报，可外来的回报绝非你能说了算的事情。相反，如果你做的事情符合自身的价值取向，内心就会有一种内在动力，你在为自己在意的事情努力。至于说外在回报，对你来说已经变得不再重要，有没有外在回报都能有效把控自己的行动。

表 7.2 价值驱动行为示例

	前因	行为	全新的空间	价值驱动行为	后果
内容	情境、想法、感受、身体反应、冲动	你所采取的行动		更多行动	行动带来的结果
示例	情境：当天工作很不顺 想法：我恐怕一辈子都要窝在这儿了，我真的无法忍受 感受：焦虑 身体反应：心跳加速、肌肉紧绷、头晕恶心 冲动：渴望消除这样的感受	切断想法 接纳感受 加强正念	更大空间、更多选择 伸展手臂，感受大脑中你打造的宽敞空间以及你在其中拥有的更多选择	设定目标 解决问题 理性决定	短期结果：有效控制自动运行模式 长期结果：为了找到新工作而不懈努力 即使在当前工作岗位也能践行自身价值取向 懂得关注自身健康

好了，现在你已经有了足够大的空间，可以采取新

的行动、对生活某个不满意的方面做出改变，工作、健康、人际关系、教育、归属或是社交，哪个方面都行。不过，我建议你不要贪多，先从某一个方面做起，否则你会感到分身乏术。毕竟，不管你采取怎样全新的行为，其目的都是要将其养成一种习惯，要是一次性尝试太多改变，且贯穿不同的领域，那难度自然可想而知。我想提醒你，如果你真的想要做出改变，请切实采取行动，从你最在乎的事情做起，停止一切口头上的承诺，那样做毫无意义，只会浪费你的时间和精力。你已经想好在哪方面做出改变了吗？那接下来想想你将在此彰显哪种价值取向。想好了吗？需要写下来吗？（稳妥起见，我建议还是写下来。）好，现在我们要继续了。

巧设目标

何为巧设目标？如果我们设定的是具体、可行、现实、有时间限制且有意义的目标，那目标实现的可能性就会大大提高。

具体：明确你将采取的行动，包括行动的时间、地点等具体信息。"我一定要变得健康"不是目标，只是一个模糊的空想，具体的目标应该是"我本周星期一、三、五不坐电梯，要爬楼梯去办公室"。设定目标必须要做到具体，只有目标具体了，你才能确切知道自己在什么时候该做什么事，不用到时候再去纠结，也不至于找各种理由放弃行动。要想实现目标或是养成习惯，一定要预先明确行动计划。用不了多久，你就会发现每一个小小的行动都会变成你的习惯，最后会让你习惯成自然。

可行：设定目标时，你要考虑当下有没有相应的资源和能力完成目标。如果没有，就要想清楚自己要额外做些什么或具备哪些条件才能保证目标的实现。

现实：基于自身的身体、时间和经济条件，这一目标能实现吗？是否应该考虑换一个目标？

时间限制：必须要十分明确自己的行动计划，知道到了什么时间应该做什么事，这样才能增加实现目标的概率，要具体到日期和时间。

有意义：设定的目标应该符合自身的价值取向，具有明确的意义。你设定的目标是自己真心想要的结果吗，还是只是为了取悦他人？

实现目标不一定带来幸福

我们生活在一个以成败论英雄的社会，设定目标时，你要始终铭记一点，即不要单纯为了实现目标而设定目标，否则人生将失去方向和意义——目标一个接着一个地实现，乍看上去的确很诱人，但最终未必能带给你真正想要的东西。有人可能会预先设想，实现目标的一刻自己一定会无比幸福，这么想其实不太明智，因为预想结果很可能让你无法好好享受遵循内心价值取向、认真完成目标的过程。所以，我们要切断类似的想法，专心投入到完成目标的过程中去，始终不要忘记遵循内心的价值取向。在完成目标这件事上，过程和结果同样重要。

改变环境

要想改变行为并不是件容易的事,需要借助环境和制度,让其为我所用,这样才能实现不断的进步。比如,你想戒掉一个坏习惯,那你就要为做那件事设立更多障碍。你不想再漫无目地刷手机了?那你就把手机放在门口充电,尽量与它保持距离。不想再没完没了地看电视?那你就把遥控器放进抽屉,同时还应拔掉电视的电源线。与之相反,如果你想要养成一个新的习惯,那就要尽可能地为做这件事消除障碍。想要经常健身?那就把健身包整理好放在门口,做到说走就能走。如果你想拥有更健康的饮食习惯,那就多准备些健康食品,把那些饼干之类的零食都装进特百惠的密封盒子里,然后放在橱柜的最里面,最好在上面再压上一罐从来碰都不碰的蜜渍柠檬。你不是想多吃健康食物吗?那就把切好的胡萝卜放在冰箱里靠前的位置。要是每次为了吃点健康食物,比如藜麦或茄子,都得专门跑一趟超市,弄得自己又累又气,那健康饮食的目标自然很难实现。同样,如果为了出去跑一圈锻炼一下,需要花20分钟才能找到自己的健身内衣，那你很可能想想就算了。总结下来就是，对于那些你想养成的习惯，要尽量减少行动障碍；对于那些不好的习惯，则要人为地设置障碍。

习惯绑定

如果你想养成一个新的习惯，可以试着将其与某个旧习惯绑定在一起。想做更多的深蹲练习吗？你可以把深蹲练习安排在每次刷牙之后。想坚持每周都跟年迈的阿黛尔姑姑通话吗？可以在每周六的晨跑时间做这件事。仔细想想，哪些既有习惯可以成为你新习惯的诱因——起床、刷牙、洗澡、喝咖啡或茶、收拾上班带的东西、打开电脑、上下班出行、进门脱大衣，这些都可以成为你提醒自己做某事的既定习惯。你可以列出一个清单，把自己已经习惯做的事记录下来，然后绑定一个新习惯，这样就会大大提高养成新习惯的概率。

对动机的误解

心理学界认为,所谓动机和意志力并没有人们想象的那么重要,二者都属于内在感受,跟任何其他感受和身体反应没什么区别,也会存在波动起伏,也是来也匆匆、去也匆匆。也就是说,当你想要采取行动时,动机或意志力并不一定会出现,很可能把你晾在一边,让你无所适从。一味地依靠内心状态来决定该不该付诸行动、该不该做有意义的事,你想想,是不是太过随意了?这跟你说"除非当天看到云朵呈现菠萝的形状,否则我就不做某事"是一个道理。

我们不应被自身的情绪所摆布,相反,要清楚地认识到自己不是想法的奴隶。你现在就可以证明这一点:不管内心是何感受,只要你想做某件事,就一定能做得到。请你反复告诉自己没有办法抬起左腿,说完了吗?好,现在请你继续对自己说"我没办法抬起左腿,不仅做不到,也没有做的意愿"。接下来,请你抬起左腿。看到了吗?虽然你不断告诉自己你做不到,而且也没有相关意愿,但这并不妨碍你的身体完成这一动作。这说明，不管你心里怎样想，你依然可以控制四肢的运动及讲话的内容。如果你想说"抬腿这件事我当然做得到，这个练习也太傻了"，那我请你再问自己一个问题：如果大脑本周第三次跟你说，"怎么样？今天别爬楼梯了，等哪天状态好了再爬也不迟，比如明天？"你会怎么做呢？是会为了自身的健康继续爬楼梯？还是会想干脆算了，直接跑去乘电梯以获得短暂的轻松呢？这个问题不傻了，对吧？哦，对了，现在你可以把左腿放下了。曾几何时，每个人都会听命于大脑发出的指令，虽然很想改变现状，却常常感觉自己做不了主。你下一次遵循本心完成某项重要目标时，如果大脑又冒出来噘着嘴说，"我不想做！"你一定要记住，你完全可以切断这些想法，积极采取行动。如果抬起左腿的动作能让你清醒认识到这一点，你单腿站立一会儿也无妨。

点点滴滴，积微成著

在实现目标这件事上，持之以恒的小动作远比一次性的大动作来得有效。你要懂得积少成多的道理，今天做出一些简单快速的小改变，虽然不能保证你明天收获巨大的成效，但只要坚持，目标终究会实现。今天少吃一点糖，对于明天的体重确实不会有什么影响，但是如果每天坚持，身体一定会有所反应。今天跑步 10 分钟，对于明天的健康状况不会有多大的作用，但只要坚持一个月，你就会看到明显的变化。很多时候，我们之所以不能完成目标，很大原因在于我们把目标设定得太难了，还没努力多久就已经筋疲力尽。所以，设定新目标时，你应该从最简单的事情做起，只要持之以恒一定会有所收获。你走过的每一步路，哪怕拖拖拉拉、磕磕绊绊，但只要方向正确，那就是在朝着目标前进。别忘了，行动后果还有自我巩固的作用，你越是能够完成每个步骤，就越容易继续坚持下去。目标越小，你就越有机会调整自身行为，从而确保前进的路上不会再偏离方向。

记录自身改变

你要追踪、监控自己的进展，看看是否做出了改变。最简单的记录方法就是用手机的记事本之类的应用做记录。先不要贪多，不要设置太多铃声之类的东西让自己分心，用最简单的办法开始就好。比如，你喜欢艺术，就可以给自己设定一个目标，坚持每周完成一次画画练习，每次时间为 45 分钟，完成练习后别忘了把自己的成果记录下来。如果你这个星期特别忙，没有那么多时间，那就给自己设定一个简单点的目标，比如画画 15 分钟，总之一定要做到巧设目标，并且要充分利用周遭的环境。如果你能轻松完成 45 五分钟的绘画目标，下个星期可以尝试着把目标调整到一个小时。当然，你还要记录自己取得的进步，否则很容易因为目标过难或过易而选择放弃。记录还有另外一个好处，即可以让我们得到即时的回馈，从而强化后续的努力。

摔倒了舔舔伤口，站起身继续前行

你在实现目标的过程中一定会碰到有那么几天甚至几个星期什么也不想做的时候，甚至还可能想既然不能完成还不如趁早放弃。我想你以前一定有过类似的经历，但这次我们不妨换一种思路，努力培养自己的应变能力。首先你要知道，应变能力并不单纯只是一种能力，而是一种重新振作的具体操作，过程中免不了受到难过、恐惧或焦虑等情绪的困扰，你要做的是带着这些负面情绪继续前行。

应变能力兼具韧性、反弹之意，有应变能力的人并不是永远不会摔倒，所有丰富、充实的人生必定经历过失败。我们已经一起学习了很多养成心理灵活性的方法，相信你一定能应对遭遇不顺时大脑冒出的各种想法和感受。你也已经学会如何打造一个空间，让自己在里面把问题的症结想清楚，然后再利用本章我们讲的技巧让自己振作起来继续前行。具体的过程可能与图 7.1 描画的类似。

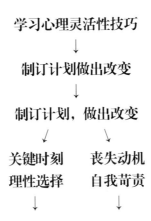

图 7.1 培养应变能力

总之,如果你坚持使用我们一起学习的技巧,就一定能够做出改变。其中的重点是你要先培养出心理灵活性,然后就一定能够实现目标。

重点回顾

你要充分认识到每个人都会陷入自暴自弃、自我限制的困境。遇到困难时,你要想到自己内心的价值取向以及自己真正在乎的人和事,只有这样才能避免走回老路,才能做出不同以往的选择。你要不断回顾我们一起学习的技巧和方法,始终着眼于长远的结果,不忘内心的价值取向,每次只要前进一小步,最终也必定能取得实质性的进步。

第八章

实现自我关爱

"有时我彻夜难眠,忍不住问自己'为什么偏偏是我?'然后便会有个声音回答我说,'不要想得太多,是你只是因为碰巧听到了你的名字。'"

——《花生漫画》(*PEANUTS*)

世上每个人都会经历情感的痛苦。我每天都在为难民提供心理治疗，这一工作让我知道，很多时候可怕的事情会毫无征兆、毫无理由地发生在好人身上。我们没办法选择自己的大脑和肉身，也没办法无视命运丢给我们的各种痛苦。

自我关爱一直是佛教及其他宗教或精神修行的基本观点，近年来更是成为治疗很多心理问题的重要科学手段。如果你想改变自己以及自己与他人的关系，如果你想改变自己的人生，一定要继续读下去，一定要学会自我关爱。

什么是自我关爱

所谓自我关爱，就是面对自身痛苦时要给予自己善良、温暖、关爱的做法。当朋友遭受痛苦时，我们往往都能做到温柔以待，换成我们自己时，也应该如此。自我关爱带来的好处大多会超出我们的预期：一项可靠的研究显示，懂得自我关爱的人在面对人生起伏时，不仅不会感受到特别强烈的痛苦，而且其应变能力也要超出旁人，总体来说就是，他们对人生的满意度远高于其他人。自我关爱的受益者不仅仅是你本人——研究显示，懂得自我关爱的人往往会拥有良好的人际关系。自我关爱就其本质而言是一种心理上的超能力，只要你想拥有，便可以为你所用。也就是说，自我关爱的能力与奇怪的脚指甲、蓝色的眼睛不一样，并非与生俱来的特质，但通过学习，每个人都能掌握自我关爱的奥义。

克里斯汀·聂夫（Kristin Neff）是该领域最负盛名

的研究专家,据他表示,自我关爱包括三个相互影响的要素,分别为自我善待、共通人性和正念思维。

- 自我善待(与自我苛责相反)是指个体习惯用理解、体恤而不是责备、苛责来对待自己的状态。
- 共通人性(与孤立隔绝相反)需要大家认识到每个人都会失败、犯错、痛苦这一事实。
- 正念思维(与过度认同相反)是指活在当下、全情投入的心态,正念能够帮助我们保持冷静和中立,避免用苛责的视角看待自我和人生。

以上就是构成自我关爱的三个要素,这些理解起来应该并不困难,但是要想真正做到自我关爱,还需要我们懂得大脑的运行模式,只有这样才能跟它相互配合,而不是跟它对着干。首先,我们要知道大脑基本上有三种情绪调节系统:一是威胁兼保护系统,二是动力、资源挖掘及兴奋系统,三是满足、安慰系统。要想做到自我关爱,就必须对这些系统有一个最基本的认识,知道它们被激活后的工作方式及其可能引发的结果，否则便很容易陷入无尽的沮丧，如同购买了苹果电脑的人非要使用 Windows 操作系统时内心遭受的挫败和痛苦。你是知道的，电脑盲在使用电脑时总会遇到很多糟心的事情。

威胁系统：我们前面讲过大脑中有一个"要么战，要么逃"的机制，该机制就位于威胁系统，每次我们想要逃离（抢劫犯、毒蛇、债主等）危险或是想要绝地反击时，威胁系统都会上线。该系统的目的就是要提醒你小心那些危及人身安全的危险。每次威胁系统启动，你都会感到焦虑、气愤、厌恶等情绪。

威胁系统一旦被激活，同时激活的还有各种自我保护的动机——大脑会做出各种相应的安排，告诉你该把注意力放在什么地方（角落里那只对你虎视眈眈的猛兽）、重点该思考什么问题（你已身处危机，命悬一线）具体该采取什么行动（逃跑还是反击，抑或是傻站在那里一动不动）、脑海中可能出现什么画面或记忆（仿佛看到自己被猛兽生吞活剥的惨状）、身体又将作何反应（做好逃跑或反击的准备，包括心跳加速、呼吸急促、肌肉紧张等）以及相关威胁会带给你怎样的情绪变化（焦虑）。

威胁系统很容易被激活，就像用棍子戳两下鳄鱼鼻子它就会被激怒一样。如果没有威胁系统，人类不可能生存和繁衍到现在，问题是能激活这一系统的不仅是危及我们身体安全的各种威胁，也包括可能冒犯到我们的自我认识的一切事由，可能来自外界，比如旁人对我们的苛刻和残忍，也可能来自我们自身——自我苛责和自我攻击。也就是说，哪怕只是你的自言自语都可能让你感受到威胁的存在。

有些研究甚至借助了功能磁共振技术（检测大脑活动的成像技术），其结果显示，大脑在应对自我引发的威胁时——如自我苛责——其采取的应对方式与面对他人批评或真正危及人身安全的威胁时的方式没有任何区别，大脑无法分辨威胁到底来源于自身的纠结还是真实世界的危险，由此引发的生理反应也没有什么差异——同样是心跳加速、肌肉紧张、心里发堵——哪怕只是你自己冒出来的想法，也会造成同样的生理反应。这是不是有点超出你的预料？你竟然可以自行激活威胁系统

（继而还会影响自身的情绪、想法、动机和行动），而这一切的源头就是因为你没有关爱自己。如果你只会在威胁系统下思考问题，那的确很难想到正确的应对方式，更不可能采取任何有价值的行动。

我们刚刚说过，人身威胁会激活威胁系统；同样，社交威胁也会激活威胁系统。人类生下来就害怕被拒绝，拒绝就意味着排挤，这对于群居动物来说是莫大的伤害，由此带来的情绪包括羞愧、尴尬、羞辱等。这些情绪的产生必定牵扯到他人：只有觉得自己在他人眼中一文不值时，我们才会感到羞愧。可是，时间一长，我们自己也会越来越认同这一看法。

人类进化的早期阶段，如果出现这种被群体排挤的情况，那等着你的只有死路一条。几千年前，如果没有别人的帮助，你不可能在条件恶劣的大草原上活下来——不可能找到充足的食物也不可能保护自己，若是一不小心受了伤，情况会更加不堪设想。对了，就连抚养后代这件事你也无法一个人完成。于是，人类养成了开启威胁模式的习惯，哪怕你只是在自我苛责或胡思乱想，大脑也会开启威胁模式，因为这就是它的初始设置。不仅如此，它随后还会释放皮质醇和肾上腺素，促使你采取进一步的行动。如果威胁持续的时间很短，那问题还不算严重，你会快速回归到正常状态。但是，如果威胁系统一直处于活跃状态——毕竟现代生活让我们每天都面对着无数压力——那长久释放的肾上激素和皮质醇就会对我们的身心健康造成巨大的负面影响，即我们所说的长期压力。

动力系统：该系统是帮助你实现目标的系统，负责刺激你去争取食物、居所、性爱、友谊等需求，就连力求职场晋升、改善住房或是购买一款高科技厨房用品这些行为，都有动力系统在发挥作用。该系统涉及所有与需求、努力、索取相关的事情，引发的情绪多为开心、快乐、兴奋等。动力系统和威胁系统一样，也为人类的繁衍立下过汗马功劳。但是生活在当今社会，如果我们太过在乎动力系统，恐怕反倒会让日子过得不开心。我们的社会过于重视竞争，害得你动不动就会把自己跟别人做比较，但很多时候，我们看到的他人只不过是其呈现在社交媒体上的虚假形象。

每次我们得偿所愿，实现了内心的目标——包括工作、性爱、房子、点赞、金钱等——身体都会释放出让人感觉良好的多巴胺，继而敦促我们去追求更多目标。有些时候（好吧，很多时候），你希望通过寻求地位证明或物质财富来调节威胁系统引发的负面情绪。如果你应对威胁系统的办法只有这一个，那后果恐怕也不会很乐观——第一，短期内有效，但时间一长，毕竟可买的高科技厨房用品就那么多，你早晚还是会感觉到内心的空虚，还是会希望能做些更有意义的事情；第二，万一你求而不得，就会感觉自己能力欠缺，继而又会因为担心遭到排挤而不断苛责自己——这个你倒是十分在行——而苛责的结果就是为威胁系统提供更多动力。然后呢？你又得求助动力系统，让它帮你应对威胁系统造成的困扰。难怪会有那么多让人难以拒绝的广告？难怪我们每天都像奔波在跑步机上，忙不迭地想让自己高兴起来，却从未得偿所愿？难怪内心的平静、满足和自我接纳始终还是遥不可及？如果你也觉得自己有这样的困惑，很可能是因为你终日在威胁系统和动力系统之间跳来跳去，心里恐怕还在一直纳闷，自己为什么会买那么多厨房电器？

安抚系统：这个系统是人类的秘密武器，只是很可惜，我们对它却一无所知。安抚系统带给我们的是舒缓和满足的感受，还有最为重要的安全感。这一系统不会逼迫我们不断索取，相反，它会一直告诉我们现在的状态就挺好。听上去不错，是吧？谁不喜欢"无欲无求"的日子呢？

安抚系统是我们作为哺乳动物独有的功能，只有哺乳动物才会对自己的后代表现出关心和爱护，这与爬行动物形成了鲜明对比，后者产下后代后就会自顾自地离开，留下刚降生的幼崽独自应对这个世界。当然，在进化成哺乳动物之前，我们也曾经是爬行动物，维系生存的威胁系统正是那个阶段发育出来的大脑功能。后来，待到我们发展成为哺乳动物，便从上一辈那里学会了其他动物所不具有的情感——养育我们的父母用温柔触摸、低声细语和温暖爱意给了我们安抚和慰藉，让我们产生了安全感和满足感。新冠肺炎疫情期间，很多人都失去了跟人亲近的机会，由此带来的伤害不容小觑，原因很简单——人类基因的"设置"决定了我们需要身体上的亲近，正是哺乳动物这种特有的照顾方式激活了人类的安抚系统，让我们能够释放出催产素。正是基于这样的情感上的安全感，我们才能活得有滋有味，才能更好地利用动力系统。

只有激活安抚系统，人类才能获得足够的时间和空间让自己"放松下来、好好消化"。其他哺乳动物在压力过后（如摆脱捕食者的追踪后）也会停下来摄入食物，从而让身体得到修复。羚羊遭遇狮子进攻时，必定会做出要么战，要么逃的反应，一旦脱离危险，便会找个地方一边休息一边啃食野草，或许还会喝点水坑里的水，从而让自己的身体得到修复。羚羊不会跟自己的好朋友聊天，不会跟对方分析狮子攻击自己的原因，不会因为选择了逃跑就谴责自己是个废物，也不会揣度明天会不会旧剧重演。也就是说，羚羊不会评判自己的表现，也不会对自己妄加苛责——只有人类具备这样的能力，只有人类可以激活自身的威胁系统，简言之，就是只有我们会自找麻烦。

第八章 | 实现自我关爱

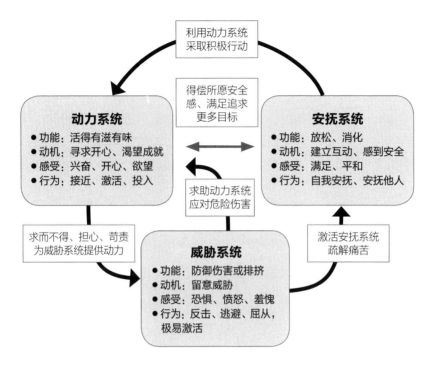

图 8.1 大脑的情绪调节系统

每次当我们无法放过自己或是在情感上遭遇他人攻击时，我们不要只想着求助动力系统，指望它能帮助我们疏解威胁系统带来的痛苦。我们要做的是在三个系统之间寻找一种平衡，让自己活得有滋有味。我们要采取一些自我关爱的手段激活安抚系统，让自己得到内心的安宁。

错综复杂的大脑

事情之所以变得如此错综复杂，就是因为我们的大脑具备这些"新的能力"。现代人的大脑不同于远古人的大脑，可以任意幻想、计划、想象。如果你忘了，可以回顾一下"大脑知识入门"那部分的内容。人之所以为人，正是因为有了这些功能，加之情绪调节系统的配合，新大脑在成就人类伟大行为的同时也极具残忍性。威胁系统会引发愤怒情绪，新大脑又赋予了人类计划能力，二者结合，最终的结果就是人类不仅能想到做可怕的事，甚至还会计划实施。我听说过很多人类的酷刑，但每次听到新的手段还是会超出我的认知，让我不寒而栗。当然，我也听说过很多闪耀人性光辉的故事，让我看到人性的坚韧和善良，让我为之心潮澎湃。人类真是一个奇怪的物种，有人能做到残忍至极，又有人能做到慈悲心肠——而具体会有哪种表现则取决于我们如何利用自己的大脑、情绪和动机。诚然，我们不可能消除这世界上的所有黑暗，但或许至少可以带来更多光明。要想做到这一点，首先要了解大脑的运行方式。

无法改变初始设置

关于人类自身的情绪调节系统，我们首先要知道一点：我们没办法选择最初的设置。这部分功能与大脑及身体其他部分一样，都是与生俱来的设置，极为错综复杂，但这不是你的错，是人类多年演化下来的结果。但是，虽然你没办法改变这个操作系统，却可以改变自身应对的方式。新大脑具有自我意识能力，你可以凭此改变自己的行为，从而打破旧有模式，停止给自己或他人造成无端的痛苦。简言之，就是在了解大脑运行方式的基础上，你要做的就是顺势而为，而不是跟它唱反调，只有这样，你才能获得真正的自由。

对自我关爱的错误认识

你觉得关爱是好事吗？对你有帮助吗？关爱在新冠

肺炎疫情的危机中发挥了怎样的作用？我猜你一定认为关爱是好事，甚至想到了那些医务工作者以及像他们一样戴着口罩、穿着厚重的防护服尽心竭力照顾病患的爱心人士。如果关爱是好事，那么你会如何看待自我关爱？我猜很多人一想到自我关爱这个词，就尴尬得恨不得用脚趾抠地，在他们心里会觉得自我关爱不就是自我放纵吗？我必须讲实话，过去，我也有这样的错误认识，以为人类已经在走向地狱，而我怎么还假模假式地点着香薰蜡烛洗什么花瓣浴？怎么还能有心思做什么面部护理？那时候，我不知道什么是自我关爱，后来，待我对其有了真正的了解后，我的态度也发生了180°的转变。目前已有明确证据证明，自我关爱可以对我们的生活产生深远的影响，我本人也越来越在乎自我关爱，甚至博士论文写的就是这个题目。我们都知道，要想厌恶什么东西，就写一篇相关的论文，写完后保证你对它的恨意不亚于对唯利是图的战争贩子和地铁里磨磨蹭蹭的路人的仇视。但我撰写博士论文的过程却并未让我对自我关爱这个话题产生恨意。自我关爱实在太伟大了，每次想到要对其深入研究，我内心都油然而生一种夹道欢迎的冲动。

话虽如此,我也能理解你内心的顾虑,对于这些貌似可有可无的东西,我们大多会心存怀疑。因此,我觉得有必要给大家澄清一些错误认识。

自我关爱并非自我放纵

很多人不知道自己需要自我关爱,其中一个主要原因是他们认为自我关爱会有自我放纵之嫌。如果对自己太好,久而久之就会丧失所有动力,就会大白天窝在沙发上脸不洗、牙不刷地吃前一天剩下的外卖,恐怕连自己的小孩早晚也得沦落到在隔壁邻居垃圾箱里拣烟头的悲惨境地。然而,事实并非如此——自我关爱与自我放纵一点关系也没有,就好像鲍里斯·约翰逊(Boris Johnson)和梳头的梳子一样,完全扯不上半点关系。

如果你想鼓励他人发挥潜力,批评绝对不是什么好办法,大部分做父母的人都知道其中的道理。孩子因为落选学校管弦乐队或是区域赛临近却被游戏团队淘汰出局而痛哭流涕时,一味地告诉他们收起眼泪、重新振作从长远角度讲并不能让他们受到鼓舞、获得动力。当然，这么做对有些孩子可能也不是一点用都没有，他们听了家长的话或许会拿出单簧管拼命练习，并最终迎来在全校表演的机会，而你也可以坐在台下欣慰地欣赏孩子的成就。但是，这个美好结局必定会付出巨大代价，孩子们丧失了自我激励的机会，不知道该如何自洽，也不知道该如何与父母相处。如果你认为我的话不足以说服你，那我们不妨一起听听伟大的亚历克斯·弗格森（Alex Ferguson）爵士的建议。我们都知道曼联队成绩最傲人的那几年正是由弗格森爵士执掌，我们也都知道他的脾气有多大，绝不属于那种和颜悦色的教练。但即便是他，也认为要正确激励队员。他说："没有人喜欢被批评，几乎没有人会因为听到批评而变得更加优秀；相反，最后让人取得进步的往往都是来自他人的鼓励。正因如此，我总是尽全力鼓励我的队员，对所有队员来说——其实不仅是队员，而是对所有人来说，'干得漂亮'就是他们内心最大的欣慰。这几个字太管用了，效果远超我们的想象。"

如果你和亚历克斯爵士都不愿意用批评的方式激励他人，为什么要对自己加以苛责呢？我猜，你之所以这样做是因为你发现有时自我批评或许有点作用（回想一下我们在"如何采取实际行动"一章讲过的后果对行动的强化作用），另外还可能因为你从小到大就知道这样一种自我激励的办法，其他办法——自我关爱——让你觉得无异于自我放纵。自我苛责还有一个极为可怕的后果，那就是它会慢慢让你放弃很多挑战，因为你担心万一失败就会遭到来自自己的斥责。我想，相关的科学研究对此应该有一定的发言权：懂得自我关爱的人与那些不懂得自我关爱的人所设定的目标并没有什么差异，但是，如果目标没能达成，前者难过痛苦的程度则远低于后者；另外，自我关爱还与学业方面的适应能力也有一定的相关性：懂得自我关爱的学生能够更好地面对失败，懂得将其视作宝贵的学习机会，而不会躲在桌子底下一边愤愤地把机会踢走，一边揪着自己的头发恨自己无能——当然，最后这段对他们状态的描写并非科学研究得出的结论，不过我想你能明白我要表达的意思。懂得自我关爱的人并不会因为自我关爱就给自己设定低于他人的目标，但面对挫折和失败时，他们却能表现出更加强大的适应能力。

自我关爱不是换汤不换药的自尊

所谓自尊，是指我们将自己与他人做比较时会给自己一定程度的偏袒。自尊的热潮一直贯穿在人类对幸福的探索之中。你去书店"心理自助"的区域随便拿起一本书，一定会从中找到培养自尊的相关内容，甚至还会跟你夸下海口，说只要遵循它们的方法，就连核弹头都无法给你的自尊造成伤害。只可惜，自尊也有诸多缺陷——自尊与自恋有一定的相关性。（没想到吧？我们总觉得自我关爱会显得太过自恋，但对自尊毫无芥蒂，是不是有点搞笑？）那些特别在乎自尊的人很可能拿自己与不如自己的人相比（看到别人不如自己似乎会让人有种优越感）。不仅如此，对我们来说，自尊更像是一个可以有福同享却不能有难同当的朋友。顺遂的时候，自尊就会跟你说，"快上车，咱们去海滩玩，包你开心，我连零食都带好了"。可是一旦遭遇困难，自尊就会一反常态，冷漠地告诉你，"对不起，我要去找吉尔玩了，她可比你成功多了"。总而言之，你一切安好时，自尊也会跟你一条心，但一旦情况有变，它绝对是个落井下石的家伙。

第八章 实现自我关爱

自我关爱亦不是自怜

自怜其实是社会恐惧和心理恐惧的一种表现,我可不想让自己后悔,我可不想丢人现眼,就是这样一种心态。我们要知道,自我关爱跟自怜没什么交情。自怜是指一种过分沉溺于自身问题的状态,研究自我关爱的专家克里斯汀·聂夫将自怜定义为"过度认同"。那些懂得自我关爱的人能更加平静地面对痛苦(不会躺在地上打滚,不会撕扯身上的衬衫,也不会用古希腊悲剧的腔调哭喊"哦,我这个可怜的女人!")他们懂得抽离出来,不会让自己被痛苦击垮。一旦懂得抽离,自然就能拥有更多选择(善待自己、正念思维、与人沟通),也更容易做到遵从本心,而不是一味地可怜自己。

女性特别擅长关爱他人,但对自己总是过于苛刻。她们愿意先替他人着想,但长此以往就会害自己被熬干耗尽。人们常说"空杯子倒不出水来",这话听上去有点老生常谈,但事实确实如此。如果你想要对自己、爱人、同事、社会乃至世界发挥积极而长远的影响,就一定要照顾好自己,而照顾好自己的前提就是懂得自我关爱。

如何做到自我关爱

我希望读到这里,你已经了解并认同了自我关爱的好处,它不仅能改善你本人的生活,还能惠及你身边的人。但是,具体怎样做才能做到自我关爱呢?我们可以从以下几个步骤开始。

寻找平衡

你只要留意自己的情绪调节系统,仔细体会它们什么时候会失去平衡,生活就会发生奇迹般的改变。用不了多久,你就会明白是哪些因素在影响自己的行为,而一旦明白了这些,无论在什么情况下你都能做到从情绪中抽离出来,以便积极思考符合自身价值的有效做法,而不会任由自己沦为情绪的奴隶。

调整呼吸节奏

一旦开启威胁模式,我们呼吸就会变得急促,而呼吸练习则可以帮助我们调低威胁系统的威力,关闭压力应对机制，从而为安抚系统提供发挥空间，让我们内心产生足够的安全感。非常关键的一种做法是调整呼吸节奏——顾名思义，不用我说你也应该知道具体怎么做。

- 首先，找个安静的地方坐下来。当然，后面随着你调整呼吸的能力越来越娴熟，也不一定非要找到安静的地方。比如，你的宽带断了，在跟服务商沟通时你也需要调整呼吸，环境安不安静并不那么重要。
- 先用鼻子吸气、呼气。
- 把手放在胃部，想象着你在帮忙清空胃里的浊气，但呼气的过程请尽量保持肩膀不动。
- 吸气，从 1 默数到 4。
- 呼气，从 1 默数到 4。
- 保持这样的呼吸，坚持 1 分钟。

如果你已经熟练掌握这一呼吸技巧，试着把呼吸练习的时间增加到 5 分钟，记住，其中的要义就是要放慢呼吸节奏，尽量深呼吸，从而放缓生理节奏，将信号传递给大脑,告诉它一切都很安全,完全不必焦虑。

想象安全的地方

要想进一步激发安全感,我们还可以借助于意象,这个办法的奇妙之处就在于哪怕大脑知道画面是假的,但其应对画面的方式与应对现实场景的方式依旧没有什么区别。也就是说,情绪的产生不仅源于现实中的体验,也可能来自头脑中的画面。当然,我可不是说你只要成天坐在沙发上想象度假的画面,就能真的以为自己到了巴巴多斯。我想告诉你的是,有了画面的辅助,你就可以激发出生理上的安抚方式,从而缓解威胁系统带给你的焦虑和压力。不过,要想画面发挥更好的作用,你的想象要尽量做到栩栩如生,如果能在想象中增加一些感官体验就更好了,所以千万不要吝啬自己的想象力。

- 首先,做几分钟的呼吸练习。
- 闭上眼睛,想象你在一个你觉得安全的地方,可以是你没去过的地方,也可以是你熟悉的地方，任何地方都可以——海滩、森林、草原、房子里，只要是你觉得安全的地方就行。

- 想象一下你在周围看到了什么，越详细越好，只有这样，大脑才能对其有所反应，想象该场景下的光影、色彩的变化。
- 现在，把注意力放在听觉上——你听到了什么声音？在这个地方你能听见的最响亮的声音是什么？最轻微的声音又是什么？那些声音距离你很远吗？还是就在你身边？
- 你能闻到什么气味吗？是大海的味道吗？还是鲜花的味道？抑或是清新空气的味道？
- 你在这里感觉如何？你觉得皮肤有什么感觉？脚下呢？想象自己脱掉鞋袜，光脚站在地上会是什么感觉？
- 在这里，尽量让身体放松下来，并且保持面带微笑。
- 最后，想象这个地方非常欢迎你，你也很适合待在这里，在这个地方你感觉非常安全。

构建自我关爱的形象

如果你正身处痛苦之中,想进一步激活安抚系统,你可以打造一个"关爱他者"的理想形象,这个他者可以是你喜欢的人,也可以是任何你喜欢的东西,你可以大胆尝试,看看究竟什么东西对你来说最有效。老实讲,我心目中最理想的"关爱他者"是米歇尔·奥巴马、奈洁拉·劳森(Nigella Lawson)和福滋熊(Fozzie Bear)玩偶。不管你选的是什么,一定要确保那是你的理想选择,真的能让你感到放松、关心和关爱。

在开始练习之前,我再补充最后一点:请确保你选择的"关爱他者"具备以下几个特质:

- 智慧:懂得人性,了解我们内心复杂、纠结的情绪、想法、反应、欲望,并且有能力加以应对。
- 坚强:能够容忍我们的痛苦、快乐,足够强大,在任何情况下都能为我们提供有效保护。
- 温暖:对你抱有浓浓的善意和关爱,让人感到如沐春风。

- 不妄加评判：理想的他者不会对你妄加责备、评判、批评，能够接受你本来的样子，真正关心你的幸福。

好，现在你已经知道了"他者"应该具备的特质，可以在脑海里构建一个理想的"关爱他者"的形象了，你可以用下面的问题帮助自己完成该形象的构建。

- 你希望这个形象是人还是其他什么东西？
- 是男性还是女性？
- 你认为这个形象大概多大年纪？
- 这个形象给你的感觉如何？
- 声音平和吗？很有力量，还是很温和？
- 这个形象会散发什么气味吗？
- 这个形象质地如何？你能想象触摸它是什么感觉吗？
- 你希望自己痛苦时这个"他者"如何给你安慰？安慰你时"他者"会有怎样的表情？

下次你再难过时，请你花点时间构建出这样一个形象，如此一来，等你之后再难过时，就可以直接把它请出来，让它帮你激活安抚系统，同时疏解威胁系统的威力。

我究竟需要什么

如果你已经让自己慢下来，请问自己以下几个问题：

- 我要怎样才能感觉安全？
- 我要怎样才能安抚自己？
- 我要怎样才能感觉有互动？
- 我要怎样才能走出自己的内心世界？
- 我此刻该如何善待自己？

你提问的语气很重要，跟自己交流时要尽量做到温柔和善，做到循循善诱。

关爱触摸

人类经过漫长岁月的演化，已经对触摸产生了依赖，有了触摸，内心就会得到安抚。触摸可以平复我们的威胁系统，同时还能激活安抚系统。父母通过抚摸可以安抚小孩子，同样，你也可以在感觉到压力时通过抚摸让自己平静下来。开始时，你可能会感觉怪怪的，或许可以先在家里练习，慢慢地，你可能就会习惯于自我抚摩，甚至可以在公共场合摩挲自己的胸口，尽管画面还是有点奇怪。

抚摩胸口

- 如果你意识到自己正处于紧张状态，请先做两次深呼吸。
- 把手放在心口处，感受手掌的压力和温暖。喜欢的话，你可以把两只手都放在心口的位置，仔细体会一只手抚摩和两只手抚摩带给你的感觉有没有不同。
- 感受手掌对身体的触摸，喜欢的话，可以在胸膛来回画圈。

- 感受胸膛随着呼吸的起伏。
- 尽可能长时间地体会这种感觉。

如果你不喜欢把手放在心口,也可以轻轻抚摩自己的胳膊或脸颊,任何能够安抚你的触摸都可以。我能想象你可能正在窃笑,不过我还是建议你尝试一下。

关爱自己,休息片刻

做这个练习时,你既可以回忆曾经的痛苦经历,也可以在产生痛苦情绪的当下进行。或许你正在照顾一位痴呆症患者,或许你就在重症监护室工作——又或者你本人正经历着人生的某个艰难阶段。我想奉劝你,与其用嗜食甜食的方式驱赶痛苦,不如尝试做以下这个练习。请你对自己说:

- 此时我很痛苦、很受伤,但这一切都会过去。
- 不是只有我一个人会感到痛苦,每个人都有过痛苦的经历,任何人都无法幸免。

这些话可以帮你充分认识到自己跟地球上所有人一样——痛苦是人生不可避免的一部分。说完这些话，你可以把手放在心口安抚自己，或者任何你觉得能让自己平静的抚摸方式都可以。除了告诉自己上述内容外，你还可以对自己说，"别人也会有痛苦"或"每个人都活得不容易，每个人都在痛苦地挣扎"。

- 我希望善待自己。

当然，除了"善待自己"，你也可以根据不同情境决定该说什么话，你也可以说，"我要原谅自己"或"我要对自己有耐心"。

- 我希望能够得到帮助，而不是一味地自我伤害。

我认为，与其笼统地肯定自己很棒，甚至自我感觉有惊天地、泣鬼神的伟大，还不如告诉自己痛苦是人类的共同体验，我们应该基于对大脑的了解做顺势而为的操作，而不是要跟它对着干。

击退压力

老实讲,就我本人而言,如果不是学会了自我关爱,我恐怕早就精神崩溃了。无论你是救援人员、父母还是医务工作者,如果你不给予自己足够的关爱,就不可能长久地扮演救助他人的角色。自我关爱不单单是泡一个热水澡、点几根香薰蜡烛那么简单,自我关爱需要我们从不同角度对自己加以关照。自我关爱需要我们了解自己的情绪以及自身的各种弱点,只有这样,我们才能朝着自己真正在乎的目标继续前行。每次感觉情况不对时,我都喜欢做这个练习,做这个练习不必在乎场合,哪怕是上班时间也能完成。

- 做几次深呼吸,体会自己的感受。
- 找到一个舒缓的呼吸节奏,让身体慢下来。
- 吸气时想象自己吸入的是温暖、友善和关爱,这些都可以有效保护自己。
- 现在把注意力放在呼气上,想象一个正在遭受痛苦的人,可能是你眼前的人,也可能不是。
- 呼出温暖、友善和关爱,这些都能更好地呵护那个痛苦的人。

- 继续为了关爱自己而吸气，为了关爱他人而呼气，想着：吸气是为了自己，呼气是为了他人。

这种方式非常有效，与遇到危险先给自己戴上氧气面罩再去照顾他人是一个道理。你只有保护好自己，才能给他人以真正的帮助。

重点回顾

自我关爱可以有效帮助我们应对人生的不同境遇。面对痛苦时，这个办法比我们本能的应对方法有效得多，本能的应对方法不外乎两种，一种是用短期的手段暂时缓解痛苦，另一种就是对自我残忍地苛责。自我关爱的效果十分显著，不仅可以鼓励我们了解人类的特点，而且可以教会我们驾驭曾经帮助我们保住性命的大脑。自我关爱一定能带给我们实质性的改变，彻底改善我们与自己及他人的关系。

第九章

正确看待自己

"要想获得真正的成长,我们应该在开心和痛苦的经历中不断学习。"
——南非前总统纳尔逊·曼德拉(Nelson Mandela)

你已经掌握了一些驾驭大脑的基本技巧，包括接纳并应对自己的情绪等，现在，你可以思考那个无比深奥的问题了：我究竟为什么如此？

自我意识的心理保养

我们几乎从未花时间思考过自我意识这个问题，生活已经够忙了，衣服还没洗、孩子的校服还没找，怎么还能有时间研究什么自我意识？想想都奢侈，甚至可以说是荒唐。但是，压力恰恰正来源于此——我们每天忙完这个忙那个，从不花时间考虑如何正确应对心理压力，因为我们自认为根本没有时间这么做。这就好像我们有一辆车，跑起来状况频出——虽然也能把你带去终点，但一路上的体验非常糟糕。要想改善体验，让接下来的旅程一路畅通，你就要先停下来，给车做些保养。

花时间做点自我意识相关的功课非常值得，这跟给车做保养是一个道理，可以帮助你改变人生，让你活得更加充实。做完功课你会知道过去对现在乃至未来会造成什么样的影响，从而你会更清醒地看待自己的人生，特别是那些决定人生走向的重要时刻；你也会更加深入地了解自己以往的情绪和行为模式，从而深刻领悟到究竟是什么让你成为现在的自己。留意自我意识将令你大开眼界、豁然开朗，原来过去的点滴对自己造成了如此深远的影响。观察自我意识还能带给你久违的释然。如今，你已经掌握了很多心理手段，可以摆脱自我禁锢的老路，可以用全新的视角观察自身体验，如果你已经学会自我关爱，那更将是锦上添花。你可以趁着这个机会回顾过往，但不必落入自我苛责的陷阱，摆脱"本应该、本可以、本能够"的思维模式。如果我们只是匆匆回首，在这个过程中不加入自我意识，那大脑很容易再次陷入批评模式。我们应该多花些时间反思过去的人生起伏，包括欢乐和痛苦，哪些时候你在做自己，在践行自己的价值取向，哪些时候你又在违背真心、迎合外界。只有这样做，我们才能做到一往无前，获得真正的自我认知和自我意识。

把握生命线，投掷救命索

如何正确回顾过往？我们可以从生命线练习开始。这个练习有点像记日志，只不过记录的是你的激素变化。练习分为几个阶段，我会详细地给大家说明。当然，我会着重介绍那些可以随时随地进行的练习，不需要你做任何准备活动，这样你就不会因为觉得麻烦而懒得尝试了（毕竟我的目的是帮助大家缓解压力，不想再给你增加额外的负担）。如果你真想有所收获，希望你每天至少能花一个小时的时间来做这个练习。当然，真正做起来，或许并不需要一个小时，不过为了保险起见，还是请你预留出完全不会被打扰的一个小时吧。要是你心里一直惦记着出门去倒垃圾，自我意识的氛围当即就会被彻底破坏。

构建生命线

我们首先要做的是构建自己的生命线，具体办法有两个——用纸笔或用实物。

用纸笔绘制生命线

顾名思义，你需要一支笔、一张纸，纸张最好是A3大小。从纸的一端画一条线，一直画到另一端，横着画、竖着画都行。这条线就代表了你的一生——起点就是你的出生，终点就是你的死亡。

从出生开始，按照时间先后顺序在线上标记出你人生中发生的所有大事，包括高光时刻，也包括人生低谷。不用长篇大论，在每一处做个简单的说明就好。这相当于我们对自己的过去做了一个综述，等你写到现在和未来的部分，可以标记出你的愿望和梦想。你可以把人生中的好事标记在线的一边，把那些令你不开心的事标记在线的另一边。图 9.1 谨举一例。

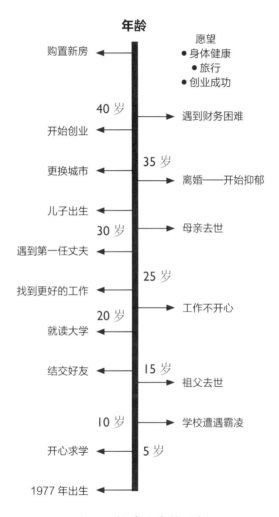

图 9.1 构建生命线示例

用实物建构生命线

如果你喜欢，也可以在地板上用实物将自己的生命线标记出来，这样做的好处就是可以加深认识和体验。你需要一根长一点的带子或绳子（几米长就够），还需要一些帮助你标记出人生重大时刻的物件：比如，你可以用假花、彩色珠子、叶子、胶皮软糖（取决于你对胶皮软糖的喜好）标记出人生中的好事，只要是让你感觉不错的东西都可以。对于人生的那些艰难时刻，你可以用石头、小石子、不爱吃的面条（或通心粉）、让人不爽的什锦甘草糖等进行标记，当然，你也可以用一些小纸团。除了这些，你还需要准备一沓便利贴。

请你在地板上把带子拉直，最末端可以稍微留点余地，以表示你的人生尚未结束。现在，你可以从带子拉直的一端开始，按照时间先后顺序回顾自己的人生，一边思考一边放下标记物，标记出人生的重大时刻。在你放下标记物的同时，也别忘了在标记物旁边贴上一个便利贴，在上面简单做个说明，比如这件事是什么时候在哪里发生的相关信息。你不用记得特别详细，只要大概回顾一下即可。等写到现在和未来的部分，你可以简短记录一下自己的愿望和梦想，然后把写好的便利贴贴在带子末端位置就好。现在，请你给自己的生命线拍张照片（可能一张照片拍不下——而且，你尽量不要把自己的脚丫子拍进去，除非你的鞋非常漂亮，那样的话让它上个镜也没关系），拍好后，请你把照片放在方便查看的地方。

讲述生命线

现在，你已经用纸笔画好了生命线，或是拍好了实物生命线的照片，那么接下来要做的就是讲述生命线，不要错过任何你标记出来的大事。我的建议是按照时间顺序讲述，把事情一件、一件地捋清楚，至于说每件事你打算花多少时间，完全取决于你自己。不过，为了不让自己一开始就不堪重负，你可以把最初的讲述时间规定在 30 分钟。30 分钟或许只能讲完一件事，不过还要看你的具体操作，重点是记录下你关于此事的所有感受，比如：

- 当时我的生活总体上怎么样？
- 有关这件事的一些基本信息，包括地点、时间等。
- 具体发生了什么？
- 当时我的感受如何？此事之前我有过同样的感受吗？之后有没有过同样的感受？
- 关于此事，我有什么特别深刻的记忆吗？
- 当时这件事带给我的是什么？
- 我当时对这件事有怎样的想法？现在我还这么想吗？
- 发生这件事时我在做什么？我的行为对事情有任何正面或负面的影响吗？我的行为造成任何长期或短期结果了吗？
- 那段时间我有什么优点或长处吗？
- 我注意到自己的想法、感受或行为有什么规律或特点吗？

按照这种方式讲述每一个你标记出来的事件，关于未来的愿望和梦想，你也要做同样的操作。待一切结束后，你就拥有了一个记录人生的详细文档，你不仅会对自己的情绪有更为清晰的认识，也会对自己的人际关系和行为方式有更加深刻的了解。总而言之，不管你获得怎样的发现，这个练习一定会对你有所帮助，请你特别留意那些让你感觉人生未曾虚度、真正活出自我的事件，可能是一些开心时刻，也可能是让你伤心难过的瞬间，但正是这些时刻彰显了你内心真正在乎的东西。在这个过程中，请你摒弃对自己的苛责，相反，你应该带着这些宝贵的心得继续未来人生之路的探索。

详细回顾过往的过程中，我们的大脑免不了陷入很多旧的回忆。大脑总是喜欢带着绝望的滤镜看待一切事物，所以讲述的故事也大多充满了遗憾、错误或无奈。我们对自己的人生总是特别严苛，因而丧失了从过往中找到全新意义和价值的宝贵机会。一味地纠结于老套的评判、评价对我们来说毫无裨益，所以我们一定要切断类似的想法。你已经学会了自我关爱的要领，这次请你提高认识，带着自我关爱的态度完成这一练习。同样，练习过程中你可能会冒出很严重的负面情绪——我之前已经说过,你要学着接纳它们,做到顺势而为,要带着善意和理解的心情继续完成讲述过往的任务,负面情绪并不是你要处理的问题,你要把心思放在正事上,坚持把任务做完。

专项生命线

生命线的练习并不是一个一劳永逸的功课,你完全可以针对人生某些具体时刻或具体方面绘制详尽的生命线。比如,你想仔细回顾自己的事业发展,或是想反思之前的人际关系及其对你人生的影响,你就可以打造一条专项生命线。

针对那些引发特殊情绪的事情进行生命线回顾,你将从中获得巨大的收获。比如你有焦虑问题,那你就可以通过回答以下问题绘制出自己的焦虑历史:

- 你第一次感到焦虑是什么时候?
- 关于焦虑,你从父母或其他人身上学到了什么?
- 你有没有经历过一些跟焦虑有关的大事?

- 你一直如何对待自己的焦虑情绪?
- 当内心出现焦虑时,你大多会做出怎样的行为?

当然,这种记录情绪的练习不仅可以用在焦虑上,任何情绪都可以用这种方式记录,包括其他你想探索的人生领域:健康、事业、金钱、伤痛、边界、欢乐、性爱、食物、饮酒、工作、丧亲之痛等——任何你想探讨的事情,生命线练习都可以为你提供有效帮助。

重点回顾

放慢脚步,回顾过往,研究一下是怎样的经历塑造了现在的你,这个过程非常有意义,值得我们花时间去做。你可以用最新学会的技能回顾过去,帮助自己培养出自我意识和自我认知,这将对你未来的发展产生直接影响,让你的人生之路更加顺遂。

第十章

做到融会贯通

读到最后你感觉如何？觉得自己的心理灵活性提高了吗？有没有获得了一些心理上的满足感？你有没有尝试用新的视角体会自己的想法和感受？有没有觉得自己拥有了更多的可能性？我希望你的答案都是肯定的。

那接下来我们还要做点什么呢？我建议你重新看一下那些让你最有感触的章节。我刚开始学习这些技能时，最关注的两点就是切断想法和遵循价值取向，你关注的重点可能与我的不同，或许你想先做有关价值取向的练习，然后再去学习自我接纳？也可能你想先练习切断想法，然后再投入更多精力加强自己的正念。你怎样做都可以，没有什么一定之规——完全可以在不同章节之间来回游走、跳跃。

如果你真想改变自己的人生，重要的是对书中的内容多加练习。我知道大多数人一定会付诸实践，但有些人则不一定，不过你完全可以在未来的日子做出尝试。不管怎样做都没问题，这些办法你可以随时参考、随时借鉴，练习的次数越多，操作起来就会越习惯，自然也就越熟练。

我当然希望你能从这本书中学会相关技能，但我的愿望还不止于此：我期盼着你还能从中找到人生的希望。我衷心祝愿你无论身在何处，无论经历怎样的人生，都能活得充实、满足；无论是对待自己还是他人，你都能做到不忘初心，遵循自己的价值取向。

我希望你学到的技能可以帮你更好地践行自己的价值观，不管你冒出怎样的想法或感受，都可以调节自己的情绪，遵循自己的价值取向，按照自己的本心行事。要记得，想法和感受不应成为你前进路上的羁绊。

你完全可以开启全新的生活,追求属于自己的幸福,希望你还能把自己的成功体验分享给更多需要帮助的人。

致 谢

关于致谢的部分我已经想了很久，现在终于可以动笔了：我要感谢奥斯卡评委会将最佳导演奖颁给我……哦，抱歉！对不起，搞错了，请允许我重新来过。

首先，我非常感谢我了不起的经纪人——克劳迪娅·杨，我内心一直将你视为我人生的导师和咨询师。除了杨，我还要感谢格林—希顿版权代理机构的所有工作人员——感谢你们为我第一部作品的顺利出版所付出的努力。

我自愈了

我要感谢《新闻界》的编辑米歇尔·凯恩——第一眼见到你我就有种预感,觉得你会成为我的编辑,你当时对我说"你有进门证吗?"那种感觉就好像你也知道有一天会成为我的编辑,我要特别谢谢你的幽默和鼓励;此外,我还要感谢《新闻界》的所有工作人员,感谢你们对《培养抗压力》这本书的支持和付出;请允许我特别感谢一下安妮·利多,感谢你当初引荐我认识了《新闻界》的朋友。

我的家人给了我一如既往的支持,我需要感谢的亲人实在太多了——我要感谢我的丈夫尼克,感谢你给我的无尽疼爱和鼓励,感谢你做的美味约克布丁,感谢你的精湛厨艺;我还要感谢我的宝贝女儿索菲亚——你点亮了我人生的每一天,我本以为自己要教你很多东西,现在却感觉是你教会了我很多,你的创意、善良、幽默,都让我对你刮目相看;当然,我还要感谢我永远的S,感谢你一直以来对我的安慰——虽然只写了个字母,但我相信你知道我说的是你。此外,我还要感谢萨拉·侯赛因和大卫·伯格曼,感谢你们给我的每一个拥抱以及安排的每一次聚餐,感谢你们交代我去完成切菜的任务；我感谢所有亲人——要感谢的人实在太多，恕我不一一列举，恐不慎落下任何一位，那我的麻烦可就大了。所以，请允许我在此一并感谢。

接下来，我要感谢我的朋友们：吉尔·迪克森、克劳迪娅·贝里尼以及混进朋友队伍的亲戚蒂娜·侯赛因——你们都是我的灵魂伴侣，能与你们做朋友是我三生有幸；埃尼·芬奇、夏洛特·比格兰和詹姆斯·科尔曼——你们给了我宝贵的友谊和坚实的依靠，我们的友谊竟然延续了25年，你们绝对堪称罗马以外最了不起的罗马三雄；还有埃丝特·凯尔伯特——感谢你无数次陪我在哈默史密斯的河边散步，感谢你耐心聆听我的每一次倾诉。

我还要诚挚感谢凯莉·杨和米莱·范，感谢你们的幽默睿智，是你们教会了我如何看待伤痛，感谢你们让我做回自己，如果没有你们，我真不知道生活会是什么样子。不过，你们能不能不要再乱动我的东西了。

此外，我还要感谢接纳承诺治疗法的整个群体，其中要特别感谢乔·奥利弗——谢谢你舍得花费时间教我知识，谢谢你愿意帮我试读这本书，谢谢你不厌其烦地回复我的邮件，谢谢你即使烦了也一直忍着不说；当然，我也不能忘记感谢多年来找我咨询过的所有患者，感谢你们对我的信任，愿意把自己的心路历程讲给我听。我希望自己真的为你们提供了所需要的帮助。

我要特别致谢三个人，没有你们，这本书就不会与大家见面（但是，如果我的读者朋友不喜欢这本书，那一定就是你们的错了）：拉鲁什卡·伊凡·扎德——感谢你坚持不懈地鼓励，感谢你耐心地帮我做文本校对，能够得到你这样高水准的作家的帮助，于我而言何其幸运，同时你也给了我巨大的信心；阿黛尔·斯蒂芬斯——你从一开始就鼓励我，每次我与自己较劲时，都是你带领我走出困境，你绝对是这方面的专家；尼基·耶茨——很多年前你就建议我写点什么，没想到如今我竟然可以出书了！感谢你帮我开启了写作的大门，感谢你的积极、热情，感谢你对我写作风格提出的宝贵建议。

最后，我要最最诚挚地感谢我的父母，如果说我人生中但凡有一点成就，都要归功于你们对我的关爱和照顾。老爸，感谢你一直做我人生坚强的后盾，感谢你给予我无条件的关爱；还有我最最想念的老妈，感谢你告诉我人生原来可以有各种不同的可能性，我知道你会一直与我同在。